W0049659

Claudia Filker (Hg.)

Mein Vater –
Töchter erzählen

Claudia Filker (Hg.)

# Mein Vater

## Töchter erzählen

neukirchener
aussaat

Dieses Buch wurde auf FSC®-zertifiziertem Papier gedruckt. FSC (Forest Stewardship Council) ist eine nichtstaatliche, gemeinnützige Organisation, die sich für eine ökologische und sozialverantwortliche Nutzung der Wälder unserer Erde einsetzt.

Die verwendeten Bilder stammen aus dem Privatbesitz der Autorinnen mit Ausnahme der folgenden Bilder:
S. 72 © Daniel Bass
S. 106 © Patrick Depuhl
S. 212 © Sandra Stein/evangelisch.de/ekir

Bibliografische Information
der Deutschen Nationalbibliothek

Die Deutsche Nationalbibliothek verzeichnet diese Publikation in der Deutschen Nationalbibliografie; detaillierte bibliografische Daten sind im Internet über http://dnb.d-nb.de abrufbar.

© 2011 Neukirchener Verlagsgesellschaft mbH, Neukirchen-Vluyn
Alle Rechte vorbehalten
Umschlaggestaltung: Andreas Sonnhüter, Düsseldorf
unter Verwendung eines Bildes von © cglade/iStockphoto.com
Lektorat: Hanna Schott, Haan
DTP: Typomedia GmbH, Ostfildern
Verwendete Schriften: Sabon, Optima
Gesamtherstellung: CPI – Ebner & Spiegel, Ulm
Printed in Germany
ISBN 978-3-7615-5828-7

www.neukirchener-verlage.de

# Inhaltsverzeichnis

*Claudia Filker*
Einblicke ins Vater-Land . . . . . . . . . . . . . . . . . . . 7

*Meike Haarbeck*
Der Überlebende . . . . . . . . . . . . . . . . . . . . . . . . 12

*Sarah Kaiser*
Der Menschenfreund . . . . . . . . . . . . . . . . . . . . . 22

*Ilse Falk*
Der Unabhängige . . . . . . . . . . . . . . . . . . . . . . . . 30

*Susanne Aernecke*
Der Kapitän . . . . . . . . . . . . . . . . . . . . . . . . . . . 42

*Dr. Ute Keller*
Der Baumeister . . . . . . . . . . . . . . . . . . . . . . . . . 53

*Ruth Scheffbuch*
Der Ermutiger . . . . . . . . . . . . . . . . . . . . . . . . . . 63

*Lisa Dahlmann*
Die Stimmungskanone . . . . . . . . . . . . . . . . . . . . 72

*Regina Claas*
Der Weltreisende . . . . . . . . . . . . . . . . . . . . . . . . 78

*Margitta Rosenbaum*
Der Mutmacher . . . . . . . . . . . . . . . . . . . . . . . . . 86

*Judy Bailey*
Der Philosoph . . . . . . . . . . . . . . . . . . . . . . . . . . 94

*Elisabeth Eberle*
Der Weise . . . . . . . . . . . . . . . . . . . . . . . . . . . . . 107

Hanna Schott
   Der Treue. . . . . . . . . . . . . . . . . . . . . . . . . . .   117

Silke Stattaus
   Der Junggebliebene . . . . . . . . . . . . . . . . . . .   127

Antje Rein
   Der Beharrliche . . . . . . . . . . . . . . . . . . . . .   135

Doro Zachmann
   Der Schweiger . . . . . . . . . . . . . . . . . . . . . .   146

Cornelia Mack
   Der früh Verlorene. . . . . . . . . . . . . . . . . . . .   156

## Schwesterngeschichten

Christina Brudereck
   Der Sternenvater . . . . . . . . . . . . . . . . . . . . .   166

Katharina Brudereck
   Der Mann im Schlafanzug . . . . . . . . . . . . . . .   176

Magdalene Deitenbeck
   Der große Schenkende . . . . . . . . . . . . . . . . .   187

Monika Deitenbeck-Goseberg
   Gottes Sonntagskind . . . . . . . . . . . . . . . . . .   200

Annika Schneider und Kathrin Kober
   Der Herzliche. . . . . . . . . . . . . . . . . . . . . . .   212

Claudia Filker
   Der Gutgläubige. . . . . . . . . . . . . . . . . . . . . .   220

Christina Rosemann
   Der Streitbare. . . . . . . . . . . . . . . . . . . . . . .   231

# Claudia Filker

# Einblicke ins Vater-Land

„Schreiben Sie bitte keine Mini-Biografien, sondern Lebens*geschichten*."

Etwa vierzig Frauen hatte ich einen Brief geschrieben. Ich wollte wissen, wie Väter das Leben von Töchtern beeinflussen, genauer: wie sich dieser Einfluss aus Sicht der erwachsenen Tochter im Rückblick darstellt. Und dann kamen die Antworten: Zusagen, Absagen, Texte, die spontan geschrieben worden waren, und andere, die angekündigt wurden und dann doch noch etwas länger „reifen" mussten.

Ich hatte das Vorrecht, die erste Leserin dieser Vätergeschichten zu sein. Mit nur einem Mausklick landeten sie auf meinem Schreibtisch. Der Laptop, ein weit kühleres Medium als das Buch, lag zwischen mir und den Zeilen, die Leben erzählten – und doch packten sie mich schnell. Tränen flossen, manches Mal habe ich schallend gelacht, hier und da ungläubig den Kopf geschüttelt.

*Claudia Filker im Kinderwagen mit Schwester und Vater (1959)*

7

Berührt haben mich aber auch die Absagen, die ich für mein Väter-Töchter-Buchprojekt bekam. Ich meine nicht die, die Zeitgründe nannten, sondern solche wie diese: *Ich hatte keinen Vater. Was soll ich für eine Vatergeschichte schreiben? Mir fällt fast gar nichts zu meinem Vater ein. Gern hätte ich Ihnen ja was geschrieben. Ich habe auch meine beiden Schwestern gefragt, aber die können auch nichts erzählen. Unser Vater war einfach total abwesend. Nur am zweiten Weihnachtsfeiertag, da war er ganz zu Hause. Da hatte er keine Gottesdienste, keine Veranstaltungen* ... Gern hätte ich die Tochtergeschichte dieses berühmten Kirchenmannes im Buch gehabt. Nun zeigt sich, dass sie eine Geschichte der Entbehrung ist. Ein Vater, der ein Leben für die anderen, seinen Glauben, seine Kirche, aber an der Familie vorbei geführt hat.

Ich danke umso mehr den 23 Frauen, die sich begeistert und neugierig auf das Projekt „*Mein Vater – Töchter erzählen*" eingelassen haben. Die ganz persönliche Vatergeschichte zu erzählen, brachte für fast alle Autorinnen Überraschungen mit sich: *Noch nie habe ich so intensiv über meinen Vater und mein Verhältnis zu ihm nachgedacht.* Diesen Satz las ich häufig im Begleitschreiben zum fertigen Artikel. Er verheißt einen Ausblick auf die Wirkung der Beiträge, die sich auch bei den Leserinnen und Lesern dieses Buches einstellen wird.

Natürlich fiel es den Frauen, die ein unkompliziertes, positives Verhältnis zu ihrem Vater haben bzw. hatten, leichter, eine Zusage zu geben. Aber auch unter den Beiträgen dieses Buches gibt es Entbehrungsgeschichten. Ein nicht gelebtes Vater-Tochter-Verhältnis, verpasste Chancen und die Trauer darüber sind ein wiederkehrendes Motiv. Eine Frau schreibt: *Vielleicht – ich hoffe es – werden wir uns wiedersehen und dann besser verstehen, als es hier auf der Erde möglich war.* Es bleiben ungelöste Rätsel, manche Befangenheit, vielleicht sogar Fremdheit im Verhältnis von Tochter und Vater. Die

Trauer über erfahrene Vaterentbehrung hat unterschiedliche Ursachen: Da ist der Vater, den es im Leben eines kleinen Mädchens tatsächlich nicht gibt, weil Vater und Mutter sich schon früh getrennt haben und der Vater eine No-name-Figur wurde – bis die Tochter sich auf die Suche nach dem ominösen „Kapitän" macht und mit ihm gemeinsames Leben im Turbogang nachholt. Oder der Vater, der viel zu früh verloren geht, weil er durch einen tragischen Unfall dem gemeinsamen Leben mit der Tochter entrissen wird. Oder der Vater, den die Tochter erst mit acht Jahren kennenlernt: Eines Tages steht der fremde Mann, den sie bis dahin nur als Bild auf dem Nachttisch kannte, auf dem Bahnsteig, und beide müssen in ein neues Leben hineinfinden.

Hinter den Geschichten steckt Geschichte. Deutsche Geschichte. Fast immer fällt der dunkle Schatten des Nationalsozialismus, eines brutalen Krieges, von Kriegsgefangenschaft oder einer Flucht aus der Heimat auf das Vaterleben und damit auch auf das Tochterleben. So sind die erzählten Väter-Töchter-Geschichten Teil der „großen" Geschichte: der Geschichte des „Dritten Reichs", der jungen DDR und Bundesrepublik, des Sozialismusexperiments und des Wirtschaftswunderlandes, der Wendezeit.

So manches Mal ahnte ich, dass auf dem Hintergrund der deutschen Geschichte Lebensgeschichten auch Überlebensgeschichten sind und deshalb Legenden brauchen: Alle Soldatenväter dieses Buches haben – man höre und staune – aus irgendwelchen Gründen keine Waffe in der Hand gehabt, keinen Panzer gefahren, keine Bombe abgeworfen, sondern immer nur Fotos entwickelt, in der Schreibstube gesessen und Briefe getippt, irgendwie versucht zu überleben. Wir Töchter haben diese Geschichten unseren Vätern gern geglaubt – da schließe ich mich durchaus ein – und sind dabei, sie an die nächste Generation weiterzugeben.

Auch dieser Aspekt macht deutlich, dass Rückblicke und Erinnerungen immer nur die individuelle Wirklichkeit sind. Deshalb sind die Schwesterngeschichten im hinteren Teil des Buches so spannend. Zwei Schwestern erzählen jeweils ihre Vatergeschichte aus der eigenen Perspektive. Eine Schwester schreibt: *Weißt du eigentlich, Claudia, was du damit angestoßen hast, als du uns gebeten hast, zu so einem Thema zu schreiben? Sehr anregend; was haben wir in den letzten Tagen geheult!!! und gelacht!!! als wir unsere jeweiligen Artikel lasen – nachdem sie bereits an Dich abgeschickt waren; danke für die Inspiration."*

Bei aller Unterschiedlichkeit der Väter hat sich mit diesem Buch doch auch ein bunter Strauß versöhnter Vätergeschichten zusammengefügt, fast möchte ich sagen: „vertöchterter" Vätergeschichten.

„Haben wir nicht alle einen Vater? Hat uns nicht ein Gott geschaffen?", fragt der Prophet Maleachi (Kapitel 2,10) und bittet um Milde und Kurskorrektur für verhärtete Herzen. Die Autorinnen der einzelnen Beiträge erzählen ihre Geschichte auch aus dieser Perspektive, ihrer ganz persönlichen himmlischen Vatergeschichte. Wer dem himmlischen Vater vertraut, kann sich milde und dankbar stimmen lassen, haben einige entdeckt. Es hilft beim Erwachsenwerden, denn es entlastet die irdischen Väter.

Zum Schluss noch ein Mutmacher für alle männlichen Leser: Sie erfahren in diesen Geschichten, wie wichtig der erste Mann im Leben eines Mädchens ist. Gut, das gehört mittlerweile zum Allgemeinwissen, aber der geschätzte Leser liest zum eigenen Ansporn, wie sehr das „ganz Normale", Alltägliche zwischen Vater und Tochter nachhaltigen Eindruck bei den Töchtern hinterlässt. Das liebevoll zubereitete Frühstück haftet noch Jahrzehnte später im Liebesgedächtnis der Tochter. Und bestimmt geht das eine, das Väter ihren Töchtern schenken können, nicht verloren: „Du bist einfach wunderbar. Und auf mich kannst du dich verlassen."

Eigentlich gar nicht so schwer.

# Meike Haarbeck

# Der Überlebende

Das ist der Opa – ja, ja. Und das ist die Oma – ja, ja. Und das ist die Tante Billa – ja, ja." Mein Vater sagt diese kleine Litanei mit seiner ruhigen, dunklen Stimme, trägt mich Einjährige von Bild zu Bild und zeigt mir die Fotos, die an der Wand hängen. Bombennächte, Ausbombung, Verwundung des Vaters, Verteilung der Familie auf unterschiedliche Unterkünfte liegen hinter uns. Jetzt, im Herbst 1943, hat er ein – recht ramponiertes – Pfarrhaus gefunden, in dem die Familie wieder zusammen leben kann. Mein Vater hat sich von den Verletzungen seiner Verschüttung in der Ausbombungsnacht einigermaßen erholt und arbeitet wieder als Pfarrer, und zwar im kleinen Dorf Schenkenschanz an der holländischen Grenze, das zu diesem Zeitpunkt noch (für ein Jahr) vom Krieg verschont bleiben wird.

Ich selber kann mich an diese Szene – sie muss sich damals häufig wiederholt haben – natürlich nicht mehr erinnern, aber sie ist mir so oft geschildert worden, dass ich fast meine, mich in die damalige Zeit zurückversetzten zu können: Die Kriegserlebnisse hatten mich Kleinkind verstört und verschreckt, so dass ich mich in meiner kleinen Welt nicht mehr zurechtfand. Und die Nähe des Vaters, seine warme Stimme, seine Festigkeit, die sich wiederholenden Sätze beruhigten mich, gaben mir das Gefühl der Zugehörigkeit und Geborgenheit.

Ich kann sagen, dass es mein Leben lang so geblieben ist: Mein Vater, Hermann Haarbeck, gab meinem Leben Halt und einen festen Rahmen. Aber auch das Gegenteil trifft zu: Es ist zwischen meinem Vater und mir nie wieder so geworden. So viel Zuwendung und Innigkeit hat es zwischen ihm und mir später nicht mehr gegeben. Ob er es selber in den arbeitsreichen Jahren und Jahr-

*Frühe Innigkeit: Meike und ihr Vater Hermann Haarbeck (1901–1975)*

zehnten nach dem Krieg wahrgenommen hat, weiß ich nicht, aber ich empfand ihm gegenüber als Kind und Heranwachsende eine gewisse Befangenheit, ja manchmal Ängstlichkeit, die mir bis heute die Erinnerung an meinen Vater trübt und mir ein Leben lang Ansporn gewesen ist, mich mit ihm auseinanderzusetzen, um mich selbst und die Welt, in der ich mich vorfand, zu begreifen.

Keins meiner fünf Geschwister teilt meine Erfahrungen ganz. Jede und jeder von uns hat den Vater anders erlebt, die Söhne anders als die Töchter, die drei „Großen", noch in Friedenszeiten Geborenen, anders als wir drei Kriegs- und Nachkriegskinder. Ich möchte also von meinen ganz persönlichen Erinnerungen berichten, ohne allerdings über das hinwegzugehen, was im großen Familiengedächtnis aufbewahrt ist.

Als ich im Juli 1942 geboren wurde, hatte mein Vater (1901–1975) schon die Lebensmitte überschritten, er war ein „gestandener" Pastor im Düsseldorfer Arbeiterviertel Oberbilk, wo die blühende Gemeindearbeit, die er dort aufgebaut hatte, durch die Kriegsereignisse mehr und mehr zum Erliegen kam. Vor dem Krieg hatte er die – wenig kirchlich orientierten – Menschen unter anderem dadurch angesprochen, dass er ein sogenanntes Landheim am Rheinufer aufgetan hatte, in das man aus den Mietskasernen am Wochenende zog, um zu spielen, zu singen und bei Kaffee und Streuselkuchen zuzuhören, wie mein Vater eindrücklich und begeistert von Jesus Christus und dem Reich Gottes erzählte. Nun also waren die Männer im Krieg, die Häuser schon zum Teil zerstört und einige Kinder zur „Kinderlandverschickung" in ruhigeren Gegenden Deutschlands in Sicherheit gebracht.

Meine Eltern hatten noch zusätzliches Leid zu tragen: Im Jahr 1940 waren ihnen zwei Töchter gestorben, eine von ihnen zweijährig, die andere bei ihrer Geburt. Ein Jahr später war unser Pfarrhaus so beschädigt worden, dass die Familie monatelang bei Fremden unterkommen und sich dort irgendwie arrangieren musste. Es waren trübe Zeiten, als meine Eltern mich erwarteten.

Was hatte meinen Vater dazu gebracht, Pfarrer zu werden und auch in den „finsteren Tälern", die er durchwandern musste, mit festem Schritt, Verantwortungsbewusstsein und Gottvertrauen voranzugehen? Zusammen mit einer Halbschwester und als jüngster von drei Brüdern wuchs er in einem reformierten Pfarrhaus in Elberfeld auf. Der Glaubensernst der Erweckungsbewegung (Ernstnehmen der Bibel, „Bekehrung" als bewusste Hinwendung zu Christus, Leben im „Glaubensgehorsam") standen dort im Vordergrund.

Viel erzählt hat mein Vater über seine Kindheit nicht, aber aus den tagebuchähnlichen Aufzeichnungen seiner Mutter mit dem Titel „Aus dem Leben unserer teuren Kinder" ist einiges zu entnehmen. Kennzeichnend ist wohl schon das, was sie zur Geburt des kleinen Hermann schreibt. Die eigenen Erfahrungen bei der Schwangerschaft, der Geburt und den ersten Tagen mit dem Baby finden keine Erwähnung, wohl aber der – mehrfach variierte – Wunsch, er möge „ein Mann in Christo" und „frühe dem Heiland zugeführt werden". Der „l. Heiland" ist dann auch in der Welt der Haarbeck-Kinder allgegenwärtig, an ihn wendet man sich in den kleinen Sorgen und Nöten des Alltags, durch sein Eingreifen wird Unbegreifliches verständlich gemacht. Allerdings: In ihrem Eifer, dass die Kinder „frühe dem Heiland zugeführt werden" mögen, liest die Großmutter auch heimlich in deren Tagebüchern und sieht ihr Erziehungsziel schon durch kleine Ungezogenheiten in Frage gestellt.

Kein Wunder, dass mein Vater bei aller Fröhlichkeit und Zuversicht ein sehr verschlossener Mann wurde. Seine Eltern gaben ihm mit: Über sich selbst, seine Empfindungen, Fragen, Ängste, spricht man nicht. Man nimmt sie am besten auch gar nicht erst wahr. Sie gehören zum „alten und damit sündigen Menschen", zum „Eigenwillen", der überwunden werden muss. Ganz unbefangen hat mein Vater unserer Mutter gegenüber seine Erziehungsvorstellungen so auf den Punkt gebracht: „Der Wille der Kinder muss in den Windeln gebrochen werden." Das klingt hartherziger, als es gemeint war. Mein Vater war wohlwollend und liebevoll. Aber die Kinder sollten, so meinte er wohl, in einem vernünftigen Rahmen gehorchen lernen und sich nicht von Launen, Rechthabereien und Albernheiten bestimmen lassen. „Widerworte" gegen Vater oder Mutter waren in unserer Familie strengstens verboten. „Gehorsam" war ein hoher Wert.

Bei aller Verschlossenheit, ein Erlebnis aus seiner Jugendzeit erzählte mein Vater wiederholt, wenn im Ganzen auch eher selten, nämlich das seiner Bekehrung: Ein Amtsbruder seines Vaters, dem er einen Brief zu überbringen hatte, fragte ihn beim Abschied: „Sag mal, gehörst du eigentlich auch dazu?" Betroffen konnte der junge Mann zunächst keine Antwort geben, „denn ich war nicht gewiß, ob ich dazugehörte." Er geriet in eine „große innere Not ..., bis ich dann durch Gottes Gnade zu einem entschiedenen und gewissen Glauben durchdringen durfte".

Als ich Ende der vierziger Jahre als kleines Mädchen begann, meinen Vater bewusst wahrzunehmen, war das friedliche Jahr auf Schenkenschanz längst neuen Kriegswirren gewichen, bis wir – Monate nach Kriegsende – endlich wieder in einem Pfarrhaus Fuß fassen konnten. Mein Vater war nun Pfarrer in Vluyn am Niederrhein und bemühte sich erneut, nach allen Verwirrungen und Zerstörungen eine Gemeindearbeit aufzubauen. Die älteren Geschwister erzählen noch heute begeistert von den Jugendkreisen, in denen sie neue Kontakte fanden und Freundschaften schlossen, von Abenden im Pfarrhaus, in denen vorgelesen, gespielt und Bibeltexte gelesen und diskutiert wurden. Nach dem Zusammenbruch der Nazi-Ideologie vermittelte mein Vater den Jugendlichen mit seiner Klarheit, Fröhlichkeit und persönlichen Begeisterung ein verlässlicheres Fundament für ihr Leben: den christlichen Glauben.

Ich selbst erlebte dieses Gemeindeleben als Kindergottesdienstkind nur am Rande mit. Erzogen wurde ich – außer vom Vater – von meiner ältesten Schwester, denn meine Mutter war seit dem Verlust der beiden Töchter und durch die bösen Kriegserfahrungen oft sehr krank und brauchte Schonung. Ich musste meist leise sein und durfte zumindest nachts nicht zu ihr kommen, auch wenn mich Kriegsträume in Angst und Schrecken versetzten. Aber ich war nicht allein. Im Herbst 1944 war in allen Kriegswirren ein weiterer Bruder geboren, und wir „beiden Kleinen" erlebten eine gemeinsame Kindheit. Trotzdem begann hier mein kindlicher Kummer: Dieser kleine, blonde Junge war das ganze Entzücken meines Vaters und meiner Mutter. Schon sein Name, Helfried, signalisierte die Hoffnung auf „hellen Frieden" nach allem Leid. Nur Helfried wurde in die Ferien mitgenommen, im kleinen Fotoalbum meines Vaters fanden sich – bis auf ein Familienfoto – nur Bilder des hübschen Blondschopfs, noch im Alter begrüßte der Vater ihn voll Freude: „Da kommt der Sohn!" All das empörte mich – zumindest als Kind – nicht, sondern vermittelte mir die Vorstellung, einen Makel zu haben, eben „nur" ein Mädchen zu sein. Ich denke, mein Vater hatte das Grundgefühl eines alttestamentlichen Patriarchen, der mit Söhnen gesegnet war und durch sie den Gottessegen weitergab. Aber die eigenen Lebensjahrzehnte, die noch von keinerlei Feminismus berührt waren, werden auch ihre Rolle gespielt haben.

Ein Mädchen zu sein, das klebte an mir wie eine Schuld. Und ich konnte sie nicht durch gutes Aussehen und Schlagfertigkeit wie meine älteren Schwestern oder, wie unsere Jüngste, durch Niedlichkeit wettmachen. 1951 wechselte mein Vater von Vluyn nach Wuppertal und wurde dort Leiter der „Evangelistenschule Johanneum". Ich kam bald darauf aufs Gymnasium und fand dort mein Feld, Punkte zu sammeln. Wenn ich schon kein Junge und nicht hübsch war, so

*Familie Haarbeck*

wollte ich doch zumindest eine gute Schülerin werden und wurde es auch mit einigem Erfolg. Und die guten Noten erfreuten den Vater, Inhaltliches interessierte ihn nicht.

Das „Johanneum" war allerdings kein gutes Umfeld für ein heranwachsendes Mädchen. Junge Männer (!) mit einem Berufsabschluss wurden dort zu Predigern (Evangelisten) und Jugendwarten ausgebildet. Im Mittelpunkt standen auch hier die Bibel und die Fähigkeit, ihre Botschaft den Menschen zu vermitteln. In den drei Jahren der Ausbildung hatten die „Brüder" quasi zölibatär zu leben. Ich sehe es noch vor mir, wie im Arbeitszimmer meines Vaters eine Küchenhilfe und ein „Bruder" mit gesenkten Köpfen standen. Sie mussten sofort das Haus verlassen, weil sie die Nacht miteinander verbracht hatten. Alles Geschlechtliche war von einem Geheimnis umwittert und zählte zur „Sünde". Und ich schämte mich meiner körperlichen Veränderungen, die nicht zu übersehen waren.

Die Mahlzeiten, die wir nicht als Familie, sondern zusammen mit den „Brüdern" im großen Essssaal einnahmen, wurden regelmäßig mit Andachten abgeschlossen. Auch an den Sonntagen und auf den Festen, die im Johanneum gefeiert wurden, hörten wir „Gottes Wort". Alles, was ich da wieder und wieder hörte, leuchtete mir ein. Es war mit seiner biblischen, alltagsfernen Begrifflichkeit wie ein großes und kostbares Glasperlenspiel, das hoch über meinem Kopf hing, ehrwürdig und heilig. Dass mir dabei nicht immer ganz wohl war, wagte ich mir damals noch nicht einzugestehen. Aber auch hier bedrückte mich Scham: Ich war nicht „bekehrt". Jahr für Jahr berichteten die neuen „Brüder", wenn sie sich der Hausgemeinschaft vorstellten, von ihren Bekehrungserfahrungen. Und ich erinnere mich noch an viele Sonntage, an denen ich in die Kirche ging mit der Hoffnung, dass „es" nun und heute geschehen würde, ein Leuchten vom Himmel, die große Gewissheit. Sie blieb leider aus. Wie sollte ich da tun, was doch immer gefordert wurde und wozu ich auch von Herzen bereit war, nämlich „glauben"? Und was genau war „Sünde"? Warum half es nicht, sich Mühe zu geben und etwas gut zu machen? Es war dann ja doch alles „Gnade". Auch mein jüngerer Bruder plagte sich, wie ich heute weiß, mit solchen Fragen, aber geredet haben wir darüber nie. Im Hause des Predigers herrschte in den wesentlichen Dingen Sprachlosigkeit.

Mit der Mutter konnte ich darüber nicht sprechen, sie hätte nur auf den Vater verwiesen. Und der Vater war kein Mann des Dialogs. Ich erinnere mich noch an eine Sonder-Konfirmandenstunde, die er mir erteilte, als ich Fragen zum kirchlichen Unterricht gestellt hatte. Er entwickelte vor mir ein ganzes Denk- und Glaubensgebäude, anschaulich und wohl gegliedert (da hatte er große Talente), und ich fühlte mich völlig überfahren, wagte nicht zurückzufragen und war froh, als er die Stunde abschloss. Nein, ein Gespräch mit dem Vater war nicht möglich. Zu seiner Ehre muss ich hinzufügen, dass auch er seinerseits das Gespräch nicht suchte und etwa die Frage stellte, die ihm zur Bekehrung verholfen hatte: „Sag mal, gehörst du eigentlich auch dazu?" Er bedrängte mich und uns alle nie. Und auch als ich – Jahre später – in einer Art Befreiungsschlag für längere Zeit allem Glauben abschwor, sprach er mich nicht darauf an. Der große Mann war in dieser Hinsicht scheu, aber sicher auch voll Gottvertrauen.

Mein Vater war ein sehr fleißiger Mann. Das „Johanneum" musste dem Bau einer Autobahn weichen, und mein Vater sammelte für den Neubau der von Spenden getragenen „Evangelistenschule" die dazu benötigten finanziellen Mittel. Ständig war er unterwegs zu Konferenzen, Bibelwochen und Vorträgen. Und außerdem leitete er auch noch die Ver-

*Zugeknöpft am Ostseestrand (li.: Meike)*

einigung der innerkirchlichen Gemeinschaften, genannt „Gnadauer Verband". Im Rahmen seiner Möglichkeiten bemühte er sich darüber hinaus, uns Kindern die stets kränkelnde Mutter zu ersetzen. Er spielte mit uns, vorzugsweise „Monopoly", wanderte, bereitete uns schöne Familienferien an der Nordsee oder in Kärnten und führte uns des Sonntags oft in ein Café zum Kuchenessen aus.

Dabei war er ein Mann mit großer Selbstdisziplin – sein Schreibtisch war trotz seiner sorgfältigen Unterrichts- und Predigtvorbereitungen stets aufgeräumt. Und er war ein Mensch, der in sich ruhte und sich am jeweiligen Augenblick freuen konnte. Im Ganzen aber war es kein Wunder, dass große Krankheiten ihn heimsuchten: Er wurde zuckerkrank, seine Nieren versagten, er bekam einen Herzinfarkt und später auch mehrere Schlaganfälle. Das alles nahm er gelassen und mit Gottvertrauen hin, er hielt sich an die ärztlichen Verordnungen und arbeitete weiter, so lange es ging. Im Oktober 1975 ist er eines Nachts ruhig gestorben.

Ich selbst hatte mit meinen Seelennöten da noch eine gute Strecke Wegs vor mir, bis ich lernte, dass der Weg Gottes mit einem Menschen nicht notwendig über ein dramatisches Bekehrungserlebnis führen muss, und bis ich die Bibel meinerseits lieben lernte mit ihrer geschichtlichen Tiefe, ihren Zeugnissen von Gotteserfahrungen, mit Bildern und Symbolen und ihrer Fähigkeit, in die je eigene Situation plötzlich hineinzuleuchten. Erneut würde ich gerne mit meinem Vater über all dieses sprechen, über meine Entdeckung der Stille, der Meditation und darüber, dass es gut ist, ins eigene Innere hineinzuhorchen, weil man dort der eigenen Wahrheit und der Stimme Gottes näher kommen kann. Vielleicht – ich hoffe es – werden wir uns wiedersehen und dann besser verstehen, als es hier auf der Erde möglich war.

*Meike Haarbeck, Jahrgang 1942,*
*ist pensionierte Oberstudiendirektorin*
*und war in der Lehrerausbildung tätig.*
*Heute ist sie Geistliche Begleiterin.*
*Sie lebt in Solingen.*

## Sarah Kaiser

# Der Menschenfreund

„Auf, auf ihr Hasen, der Jäger hat zur Jagd geblasen!"
8 Uhr 30. Etwas verschlafen greife ich zum Telefon, aus dem Träumen gerissen, nur um die feierlich verstellte Stimme meines Vaters durch den Hörer zu vernehmen. Ich muss unweigerlich schmunzeln. Typisch Max – mein Vater.

Als mein Vater 2004 an Krebs starb, war einer der ersten Gedanken, die ich hatte: Jetzt wird niemand mehr morgens anrufen und sagen: „Auf, auf ihr Hasen ..." Selbst jetzt noch, beim Schreiben dieser Zeilen, treibt mir diese Erkenntnis Tränen in die Augen. Ich vermisse diese Anrufe. Ich vermisse ihn.

*Max Kaiser (1943–2004)*

Fast sieben Jahre nach dem Tod meines Vaters stelle ich wiederholt und dabei überrascht, erstaunt, manchmal auch frustriert und dann wieder dankbar fest, dass ich mehr von ihm geerbt habe, als ich noch vor zehn Jahren gedacht hätte. Dass unsere Eltern – unsere Väter – uns prägen, mehr als wir vielleicht ahnen.

Mein Vater war ein charismatischer Mann. Wenn er gut drauf war, funkelten seine Augen, konnte er Charme versprühen und seine Mitmenschen durch seine spontane, verrückte und lustige Art oder seinen sarkastisch trockenen, österreichischen Humor zum Lachen bringen.

Lebendig, lustig, launisch, schwermütig, inspirierend, mitfühlend, isoliert, feinsinnig, ungehobelt, interessiert, abwesend – er war all das. Und er war – und bleibt – mein Vater.

Seinen Namen, so wurde uns Töchtern erzählt, bekam er in der Schule. In Niederösterreich, zwei Jahre vor Kriegsende geboren, wurde er Adolf getauft – nicht aus Führertreue der Eltern, sondern weil der Vater so hieß und es zu dieser Zeit anscheinend üblich war, die Namen der Eltern an die Kinder zu vererben. Ich frage mich heute manchmal, warum meinen Großeltern diese Sitte wichtiger war als die Vermeidung einer Assoziation mit dem Diktator. Die Umstände erlaubten es meinem Vater jedoch bald, dieser Assoziation aus dem Weg zu gehen: Im Geschichtsunterricht war von Kaiser Maximilian die Rede, und schon bekam mein Vater, Adolf Kaiser, den Spitznamen Max verpasst – er war ja auch ein Kaiser. Max passte viel besser zu ihm, hatte er doch wenig von einem Gewaltherrscher, dafür viel von einem strubbelhaarigen Lausbub.

Mein Vater wurde als älteres von zwei Kindern geboren. Sein Vater war Pfarrer – ein evangelischer Pfarrer im katholischen Österreich, also „in der Diaspora". Mein Großvater starb, als mein Vater noch Kind war. Meine Großmutter war eine anmutige, elegante Frau, die auf mich als Kind aber etwas kühl, distanziert und streng wirkte. Max trat in die Fußstapfen seines Vaters und studierte ebenfalls evangelische Theologie – etwas zwiegespalten. Denn da war auch eine Liebe zur Malerei, und eine Weile gab es wohl die Überlegung, Kunst zu studieren statt Theologie. Die Auseinandersetzung mit der Theologie war und blieb für meinen Vater eine Anstrengung. Wenn er eine Predigt vorzubereiten hatte – er war später nicht als Pfarrer tätig, predigte aber ab und zu ehrenamtlich –, vergrub er sich tage- und nächtelang und schrieb. Er machte aus jeder Predigt eine Doktorarbeit, so berichtet meine Mutter aus der frühen Ehezeit und so erinnere auch ich es noch aus meiner Kindheit.

Als Student lebte er mit seiner Mutter und seiner jüngeren Schwester in Wien, als eines Tages meine Mutter vor der Tür stand – eine junge Bratsche-Studentin aus Berlin. Sie sollte Grüße von Freunden ausrichten. Wenige Monate später heirateten meine Eltern, im darauffolgenden Jahr wurde meine große Schwester geboren. Anfang der 1970er Jahre zog die junge Familie dann nach Berlin, wo mein Vater bald eine Anstellung als Religionslehrer an einer Berufsschule fand – eine Arbeit, die für ihn zur Berufung wurde und die er bis kurz vor seinem Tod mit Überzeugung und Hingabe ausfüllte. Mit jungen Menschen über soziale und religiöse Themen nachdenken und diskutieren, Sensibilität für Umwelt und Mitmenschen, für soziale und politische Zusammenhänge, für andere Kulturen schaffen – dafür konnte er sich begeistern und einsetzen.

Das Interesse an anderen Kulturen, Menschen, Sprachen und Sichtweisen hat er an uns Töchter auf eine natürliche und selbstverständliche Art weitergegeben. Gut erinnern kann ich mich daran, wie ich auf dem Berliner Messegelände auf der Messe „Partner des Fortschritts" mit meinem Vater durch die Gänge schlenderte und zusah, wie er Decken aus Lateinamerika, Lampen aus Asien und Schmuck aus Afrika einkaufte. Auf Vorrat – es war ja alles so schön! Man konnte es horten und dann geburtstags- und weihnachtsweise an die Töchter, Familie und Freunde verschenken. Die Wohnung meines Vaters glich eher einem Dritte-Welt-Laden oder orientalischem Basar als einer Seite aus dem Ikea-Katalog.

Teil dieser offenen Haltung der großen weiten Welt gegenüber waren auch die Seminare in Haus Kreisau, einer evangelischen Jugendbildungsstätte in Berlin-Kladow. Mein Vater machte dort mit Berufsschülern Rollenspiele, probte Theaterszenen, veranstaltete Tanzabende und leitete Diskussionen zu politischen, sozialen und religiösen Themen. Für uns Töchter eine wunderbare Möglichkeit, mit Jugendlichen aus anderen Kulturen in Kontakt zu kommen und Freundschaften zu schließen, die teilweise bis heute bestehen.

Ich bin meinem Vater dankbar für dieses Erbe, für diesen Blick über den Tellerrand, den er uns von frühester Kindheit an ermöglicht hat. Heute ist mir bewusst, wie sehr ich mein Interesse an anderen Kulturen und Sprachen, meine Offenheit für „das Andere" meinem Vater zu verdanken habe. Weil er uns in seine Lebenswelten mitgenommen hat, zu Konzerten, ins Kino, zu Festen. Weil er Interesse an Menschen hatte.

Bei seiner Beerdigung kamen an die vierhundert Menschen – Menschen, deren Leben seines berührt hatte, die ihm dankbar waren für Herzlichkeit, Menschlichkeit, Hilfe. Die ihn einfach mochten.

Neben diesen Erinnerungen ist da noch die Erinnerung an Max den Komiker, den Clown. Ein Foto, das ich sehr liebe, zeigt meinen Vater an seinem 60. Geburtstag. Es war ein rauschendes Fest mit vielen Gästen und wurde in der Kirche gefeiert, in der er die letzten Jahres seines Lebens im Kirchengemeinderat engagiert war. Es zeigt meinen Vater in tänzerischer Pose, die Miene hingegeben, leidenschaftlich und ein wenig verschmitzt. Er war ohne Zögern der Aufforderung einer eigens für die Feier engagierten Flamenco-Tänzerin gefolgt. Die Arme über den Kopf erhoben, sieht er dabei aus wie Obelix, der gerade eine junge Dorfschönheit beeindrucken will.

*Fröhlich und nah:*
*Sarah und ihr Vater*

Bei Festen und Feiern las mein Vater hingebungsvoll und kabarettistisch wieder und wieder Travnicek-Dialoge aus dem abgegriffenen Helmut Qualtinger-Taschenbuch.

Dann ist da noch Max, der Genießer. Zu Geburtstagen gab es eine von ihm selbst gefertigte Malakoff-Torte, mit Wunderkerzen garniert. In seiner Küche klopfte und panierte er Wiener Schnitzel, schnitt die Äpfel für den Apfelstrudel, kochte Wurstgulasch. Als Kinder nannten wir ihn „Abfalleimer", weil er alles aufaß, was wir auf dem Teller gelassen hatten.

Was wir erben, ist ein Ganzes – nicht nur das Positive tragen wir im Gepäck, auch das Schwierige, das Ungewollte. Da sind nicht nur die Erinnerungen an das Schöne, die Lebendigkeit und Vielfalt. Da sind auch die Erinnerungen an das Schwere und die Hilflosigkeit der Kindheit, an gemischte Gefühle, Defizite, Frust.

Kurz nach meiner Geburt trennten sich meine Eltern. Ich wuchs bei meiner Mutter auf und hatte somit einen Papa für besondere Tage und Ereignisse, aber keinen Papa für den Alltag. Schon in jungen Jahren wurde mein Vater zum Alkoholiker. Mit Ende dreißig gelang es ihm mit der Hilfe einer Selbsthilfegruppe der Anonymen Alkoholiker, trocken zu werden, doch die Krisen hörten nicht auf. Erst mit Anfang fünfzig wurde bei ihm nach vielen depressiven Phasen, Therapien und einem Klinikaufenthalt eine manisch-depressive Erkrankung diagnostiziert. Es war für ihn eine Riesen-Erleichterung, denn er hörte nun zum ersten Mal, dass ein

Fehler im Stoffwechsel für seine Stimmungsschwankungen verantwortlich war. Eine große Last fiel von seinen Schultern.

Doch so war der Vater meiner Kindheit aufgrund seiner Krankheit nicht nur der kreative, lebensfrohe Vater. Er war auch der abwesende, in sich gekehrte, dessen Stimmungstiefs ich mich als junges Mädchen oft hilflos ausgeliefert fühlte. Die Papa-Tage waren manchmal eher Pflicht als Genuss. In seinen „Tälern" war mein Vater phlegmatisch, abwesend, antriebslos. Ich erinnere mich gut an einen gemeinsamen Urlaub auf Amrum – schön sollte er werden: wir zwei am Meer, an der Nordsee. Der Urlaub ist mir als Qual in Erinnerung. Mein Vater abwesend, in sich gekehrt, wie gelähmt und unkommunikativ. Ich als Teenager enttäuscht, hilflos und dementsprechend sauer. Toller Urlaub.

Es bleibt die Erkenntnis, dass diese Erlebnisse Spuren hinterlassen, dass auch sie mich geprägt haben.

Dennoch bin ich dankbar, wenn ich an meinen Vater denke. Denn besonders die letzten gemeinsamen Jahre waren heilsame Jahre.

Als ich mit zwanzig im Ausland, weit weg von zu Hause, den Glauben an Jesus Christus als für mich lebendig und glaubwürdig entdeckte, wurde dies zu einem heißen Diskussionsthema zwischen uns. Mein Vater verstand die spezielle Art und Form meines neu gefundenen Glaubens nicht – und doch hatten wir einen Berührungspunkt in diesem Glauben, und wir tauschten uns darüber in vielen Briefen und manchmal auch direkt aus, wobei es uns in unseren Briefen leichter fiel, offen und ausführlich zu kommunizieren. Ich lebte zu diesem Zeitpunkt in London, später dann als Studentin in den USA. Wir schenkten uns gegenseitig Bücher, die uns berührt hatten, er besuchte mich, fragte mich nach meinem Leben im Ausland und ging in Berlin ab und zu mit mir zum

Gottesdienst. Über die Jahre kamen wir uns hier näher. Was er am Anfang nicht verstand und kritisch hinterfragte, dem öffnete er sich nach und nach. Vertrauensvoll, neugierig und auch dankbar für Gebete und Erfahrungen. Er suchte nach dem, was wir teilen konnten, nicht nach dem, was uns trennte – und war mir sogar im Glauben Vorbild.

An eine Begebenheit erinnere ich mich da besonders: Mein Vater heiratete mit 58 Jahren zum zweiten Mal, in derselben Kreuzberger Kirche, in der er zwei Jahre später seinen 60. Geburtstag feierte. Die Kirchengemeinde ist bis heute stark sozial engagiert und setzt sich insbesondere für Asylbewerber und Obdachlose ein. Hanne, die durch diese Hochzeit meine Stiefmutter wurde, arbeitete in dieser Gemeinde jahrelang als Sozialarbeiterin. Zur Feier lud das Paar viele Freunde, die Familie und Kollegen ein – und zu Kaffee und Kuchen auch alle Obdachlosen der Gemeinde. An die 350 Leute waren anwesend. Wie man sich vorstellen kann, waren die Kuchenteller schnell leergegessen. Wir Töchter halfen bei der Organisation der Feier, und ich ärgerte mich, weil ich dachte: Die kennen doch das Brautpaar gar nicht, die sind doch nicht wegen der Hochzeit hier, die wollen doch nur was zu essen haben! Eigentlich empfand ich: Die sind hier nicht willkommen. Mein Vater und seine neue Frau sahen das aber anders und blieben fröhlich und gelassen.

Später, beim Nachdenken über dieses Fest, fiel mir auf, dass mein Vater sich eigentlich so verhalten hatte, wie Jesus es getan hätte. Ich staunte nicht schlecht über ihn und war beschämt über mein kleines, enges Herz.

In unseren letzten gemeinsamen Jahren war es, als ob wir noch eine Chance bekommen hätten, um noch einiges nachzuholen, was wir in den ersten gemeinsamen Jahren verpasst hatten. Da ist der Nachmittag, an dem ich neben meinem Vater auf seinem Bett liege, wenige Wochen vor seinem Tod.

Er ist schon stark geschwächt und hat einen Mittagsschlaf gehalten. Nun darf ich bei ihm liegen. Er nimmt mich in den Arm, und ich kann ein wenig erzählen, was mir gerade auf der Seele liegt. Ich kann Tochter sein in seinem Arm.

Momente der Zuwendung, der Gemeinsamkeit. Momente der Nähe. In einem seiner letzten Tagebucheinträge kurz vor seinem Tod schrieb er: „Ich bin sehr froh und stolz auf meine Töchter – ein neues Kapitel vertrauensvollen, innigen Austauschs wird möglich."

Heute bleiben mir von ihm Zeilen wie diese – und kostbare Erinnerungen. Doch das ist viel.

*Sarah Kaiser, geboren 1974 in Berlin, studierte in London, den USA und Berlin, wo sie auch heute lebt. Sie ist Sängerin und Gesangscoach.*
*www.sarahkaiser.de*

## Ilse Falk

# Der Unabhängige

Xanten, den 25. Oktober 2010

Lieber Vater,

etwas mehr als achtundzwanzig Jahre ist es nun her, seit Du nicht mehr bei uns bist. Achtundzwanzig Jahre, in denen wir fünf Kinder endgültig erwachsen wurden und selber in die Rolle der älteren Generation hineinwuchsen. Jahre, in denen wir Dich nicht mehr um Rat fragen konnten, in denen nicht mehr die sonntäglichen Anrufe kamen, durch die Du an unserem Leben teilnahmst und uns zugleich erzähltest, wie es den Geschwistern ging. „Buschtrommel" nannten wir Dich deswegen manchmal. Aber dann trommelte niemand mehr, und wir mussten lernen, selber Kontakt zu halten, um uns nicht aus den Augen zu verlieren.

Nach Mutters plötzlichem Tod sieben Jahre zuvor warst Du einsam geworden. Sie war ja elf Jahre jünger, und sicher hattet Ihr Euch nie vorstellen können, dass sie einmal vor Dir gehen müsste. Ich werde wohl nie vergessen, wie Du – zwar äußerlich gefasst wie immer – innerlich zusammenbrachst, als uns der Arzt, kurz bevor wir sie nach einer Operation in ihrem Krankenzimmer besuchten, eröffnete, dass der Krebs nicht operabel sei und sie wohl nur noch wenige Monate zu leben hätte. Nichts hatten wir bis dahin von dieser Diagnose gewusst!

Es waren dann noch ziemlich genau vier Monate, bis sie an ihrem 58. Geburtstag starb. Starb, ohne dass wir den Mut gehabt hatten, mit ihr über den nahen Tod zu sprechen. In all Deiner Verzweiflung machtest Du ihr bis zum bitteren Ende Hoffnung auf Genesung und wolltest sicher selber allzu gerne daran glauben. Wir Kinder haben damals untereinander und mit Dir gute, intensive Gespräche geführt. Heute fragen wir uns oft, warum wir Mutter nicht zugetraut haben, eine solche Diagnose zu verkraften. Wahrscheinlich hätte sie auch Dir in Deiner Traurigkeit helfen und den Weg in das „Danach" erleichtern können.

Wie gerne hätte ich manchmal später in eigenen schwierigen Lebensphasen mit Dir darüber geredet, ob Dein Glaube in dieser Zeit auch ins Wanken geraten ist oder ob er Dich letzten Endes vor dem Verzweifeln bewahrt hat? Das Begleiten von Charlotte und Bettina in schwerer Krankheit und dann ihr Tod im Abstand von nur wenigen Monaten haben uns jedenfalls mehr als einmal zweifeln und verzweifeln lassen. Eigentlich ist es ein großes Wunder, dass wir heute – mit den verstorbenen Töchtern im Herzen – eine so glückliche Familie mit Söhnen, Schwiegertochter und Enkelinnen sind. Da muss Gott uns wohl doch „Kraft gegeben haben ..., stark zu werden durch seinen Geist an dem inwendigen Menschen", wie es unser Trauspruch sagt.

Du versuchtest fortan, ein Leben ohne Mutter zu meistern, schriebst weiter juristische Kommentare und widmetest

*Hans-Burghard v. Lüpke (1906–1982)*

Dich der Herausgabe des „Agrarrechts" – Deiner Zeitschrift, die Du viele Jahre zuvor gegründet hattest. Du versuchtest die Dinge des täglichen Lebens selber zu regeln – aber Deine praktischen Fähigkeiten im Haushalt beschränkten sich im Wesentlichen darauf, Tee zuzubereiten. Du warst eben doch ein Jurist durch und durch, dem zwar als Richter nichts Menschliches fremd war, der aber immer glücklich war mit der Aufgabenteilung zwischen Dir und Mutter: Du, der kluge Intellektuelle, sie, die nicht minder kluge Lebenspraktische.

Es kam, wie es kommen musste: Eines Tages musstest Du akzeptieren, dass es so alleine nicht weiterging. Natürlich gab es die Familie, die Freunde und Bekannten, die, so gut es ging, versuchten, Dich am Leben teilhaben zu lassen. Aber die Einsamkeit holte Dich spätestens am Abend immer wieder ein.

Die Frage nach dem Wohin war nicht so leicht zu beantworten. Schließlich hast Du dich entschieden, in das Seniorenstift nach Göttingen überzusiedeln, und bist damit wieder zu Deinen Wurzeln zurückgekehrt. Hier hattest Du studiert, hier verbrachten Deine Eltern ihre letzten Lebensjahre, und hier standest Du Deinem Vater bei dessen Arbeit als Herausgeber einer theologischen Zeitschrift zur Seite.

Weißt Du noch, wie wir am Tag des Umzugs durch Göttingen gingen und Du mir Orte Deiner Jugend zeigtest? Es war wie ein Nachhausekommen. Von dem Augenblick an war ich mir sicher, dass Deine Entscheidung für das Stift, so schwer sie uns allen gefallen ist, gut war. Hinzu kam, dass Du sehr bewusst in diesen Neuanfang gingst, mit dem festen Willen, diesen letzten Lebensabschnitt aktiv zu gestalten.

Du wurdest sehr schnell in den Heimbeirat gewählt, gründetest einen Arbeitskreis, der die Aufgabe übernahm, die langen klinikartigen Gänge des Hauses mit Wechselausstellungen zu versehen und so Farbe ins Haus zu bringen. Da

Du gerne spazieren gingst, hast Du andere glücklich gemacht, indem Du sie mitgenommen hast und so keiner alleine laufen musste. Und natürlich war weiterhin das „Agrarrecht" eine Aufgabe, die viel Zeit und Leidenschaft forderte.

Als der Arzt eines Tages erklärte, wegen Deiner Herzschwäche müsstest Du Dich sehr schonen, auf Spaziergänge verzichten und Dich eigentlich nur noch zwischen Bett und Sessel bewegen, protestiertest Du heftig gegen die Beschränkung Deiner Freiheit. Wieder einmal traf sich der „Geschwisterrat", und wir diskutierten mit Dir diese neue Herausforderung. Du hast uns sehr schnell überzeugt, dass Du Dein Leben weiterhin so führen sollest, wie es Dir entsprach, auch wenn das ein kürzeres Leben bedeuten sollte. Ich habe von Dir in dieser Phase Deines Lebens gelernt, zwar achtsam mit seinem Leben umzugehen, aber im Wissen um seine Endlichkeit Gott zu vertrauen, dass er den richtigen Zeitpunkt für das Ende setzt.

Lieber Vater, vielleicht sitzt Du gerade auf einer Wolke, baumelst mit den Beinen und siehst mir leicht amüsiert zu, wie ich Dir einen Brief schreibe. Aber das Schreiben hilft mir, meine Gedanken zu ordnen und Erinnerungen zusammenzufügen. In den letzten Jahren merke ich nämlich immer mehr, wie sehr ich von Deinem Vorbild beeinflusst bin. Und das ist ziemlich spannend, weil ja eigentlich Mutter die Präsentere für uns Kinder war und es immer hieß, dass ich ihr so ähnlich sei.

*Der Vater und seine Schwester (1913)*

Über Deine frühen Jahre weiß ich wenig. Außer, dass Ihr vier Geschwister in Thüringen, wohin es Deinen Vater nach einem Streit mit der hannoverschen Kirchenbehörde als Pastor verschlagen hatte, wohl eine glückliche Kindheit verbracht habt.

Als Du gerade acht Jahre alt warst, begann der erste Weltkrieg, und die bis dahin heile Welt geriet ins Wanken. Der Tod Eures geliebten Onkels Ju, gleich im ersten Kriegsjahr, muss für Euch ein Schock gewesen sein. Als sehr feinsinniger und leidenschaftlicher Musiker war er – wie so viele damals – mit Begeisterung in den Krieg gezogen und elend umgekommen.

1919 seid Ihr nach Niedersachsen zurückgekehrt, wo Großvater in Isenhagen bei Hannover Superintendent wurde. In der Zeit muss das „Tintenfass" entstanden sein, Eure (handgeschriebene!) Zeitung, die Ihr vier Geschwister herausgabt – „zur Pflege jugendlicher Schriftstellerei und jugendlichen Übermuts". Hier war schon Deine Leidenschaft für gute, klare Sprache zu erkennen. Mit Vergnügen haben wir gelesen, dass Ihr bereits damals Fremdwörtern den Kampf ansagtet und für jedes Zuwiderhandeln 5 Pfennig Strafe androhtet. Heute könnte man damit reich werden!

Die Gedichte und Geschichten, die Ihr zum großen Teil selbst verfasstet, machen uns noch heute viel Spaß und dienten schon so manches Mal als Anregung für eigene „Werke". Was von den Heften zwei Weltkriege und viele Umzüge überlebt hat, hüte ich sorgsam.

Deine Schulzeit hast du in Celle verbracht. Da Isenhagen zu weit weg war, wurdet Ihr Geschwister kurzerhand die Woche über in Pension gegeben. Du musst darunter heftig gelitten haben, denn davon hast Du oft erzählt. Dass Ihr dort „gegen Naturalien" untergebracht wart, hast Du als äußerst beschämend empfunden. Aber das Geld war knapp, und es musste Hilfe für den Haushalt finanziert werden. Deine Mutter war nicht nur sehr zart und wenig belastbar, sie hatte offensichtlich auch mehr Freude an der Herausgabe der Zeitschrift „Die Dorfkirche" und an der Zusammenarbeit mit ihrem Mann in der Dorfkirchenbewegung als am Haushalt. War sie wohl gar die erste Frau in unserer Familie, die sich von der ausschließlichen Mutterrolle emanzipierte?

Sicher ist hier ein Grund zu finden, warum es Dir immer besonders wichtig war, dass Mutter zu Hause war und wir alle viel Zeit miteinander hatten. Und auch du selbst hast, wann immer die Gerichtstermine es zuließen, zu Hause gearbeitet. Dein Arbeitszimmer war dann für uns tabu – aber wir hatten das gute Gefühl, dass Du da warst und wir mit wirklich Wichtigem immer zu Dir kommen durften.

Als Dein Vater sich 1925 emeritieren ließ, um sich ganz der publizistischen Arbeit zu widmen, zogt Ihr nach Göttingen. Du begannst mit dem Jura-Studium und hattest zugleich die Möglichkeit, ihm noch mehr zur Seite zu stehen. Viel zu früh starb 1930 Deine Mutter, und nur wenig später, am Neujahrstag 1934 folgte ihr Dein Vater.

Schon damals waren Eure und Mutters Familien sehr befreundet, und da blieb es nicht aus, dass Ihr nach dem Verlust Deiner Eltern noch enger zueinander fandet. Es folgte 1934 die Doppelverlobung von Dir und Mutter – damals erst 17 Jahre alt – und Deiner Schwester mit Mutters Bruder; drei Jahre später dann Eure Hochzeit. Es müssen fröhliche Feste gewesen sein, von denen etliche Fotos zeugen.

1939 und 1941 wurden – nun schon als Kriegskinder – meine beiden „großen" Brüder geboren, und ich folgte dann 1943. Du warst inzwischen Amtsgerichtsrat und wurdest glücklicherweise wegen Deines Herzfehlers nicht eingezogen.

Du hattest das Glück, als Spezialist für Agrarrecht mit einer Aufgabe in der Justiz dieser Zeit befasst zu sein, die du mit deinem Gewissen vereinbaren konntest. Hitler hatte den Bauern das Wahlversprechen gegeben, für ihre Entschuldung zu sorgen. Dazu war im Juni 1933 ein Entschuldungsgesetz verabschiedet worden. Neben den alltäglichen Rechtsstreitigkeiten warst du nun viel unterwegs und prüftest die Anträge der Bauern. Das erforderte von dir als jungem Amtsrichter sicher viel Fingerspitzengefühl.

Dass Du dann Anfang 1945 mit „dem letzten Aufgebot" doch noch einrücken musstest, wissen wir zwar aus Erzählungen, aber wie bitter ernst die Situation war, konnten wir erst kürzlich in einem im Nachlass entdeckten Brief von Dir an Mutter lesen. Es ist ein unglaublich berührender Abschiedsbrief, in dem Du sehr klar ansprichst, dass Du möglicherweise nicht mehr zurückkehren wirst. Besondere Bedeutung erhielt der Brief noch dadurch, dass ich damals nach einer Diphtherie-Operation schwer krank war und der Arzt Euch nur wenig Hoffnung machen konnte. Wie viel Kraft wurde da von Euch verlangt!

Du kamst Gott sei Dank heil zurück, warst nicht in Gefangenschaft geraten, und nun begannen die mühsamen Nachkriegsjahre. Es ging von Bremervörde nach Stade und 1948 nach Verden an der Aller, wo meine ersten konkreten Kindheitserinnerungen beginnen. Wir hatten eine – aus meiner Sicht! – große Wohnung im Erdgeschoss eines alten Domherrenhauses, die Du beim Wohnungsamt erstritten hattest. Viele Fenster waren noch kaputt und nur notdürftig mit allen möglichen Materialien geflickt. Und in Wirklichkeit war es wohl auch sehr eng durch die Einquartierung vieler Flüchtlinge. Ihr hieltet Hühner, Enten und Gänse, Du fuhrst mit Nachbarn ins Moor zum Torfstechen, damit wir etwas zum Heizen hatten. Ihr bautet möglichst viel Gemüse für den täglichen Bedarf an, und im Herbst wurde im großen Waschkessel aus Zuckerrüben Sirup gekocht – alles Arbeiten, die eigentlich nicht Dein Metier waren, die du aber klaglos neben Deiner Tätigkeit nunmehr als Landgerichtsrat mit übernahmst.

Aus meiner Perspektive lebten wir paradiesisch: Der große Garten vor und hinter dem Haus und ein großer Hof mit alten Obstbäumen bedeuteten Platz zum Spielen und Träumen. Nie habe ich mich von den äußeren Umständen bedroht gefühlt, denn Ihr habt es geschafft, uns in diesen wirren Jahren eine Geborgenheit und Sicherheit zu geben, die uns nichts vermissen ließ. Wunderbar war es auch, dass ich Dich im Gericht besuchen durfte. Ich fühlte die knarrenden Dielen, roch die Bedeutung des hohen Hauses und durfte Deine Robe bewundern. Die Robe, die Du auch bereit warst anzulegen, wenn mal wieder eine Puppenhochzeit anstand und Du die Rolle des Pastors übernahmst. Das machtest Du sehr ernsthaft und ein bisschen verschmitzt, und für mich war es sehr beeindruckend. Durftest Du die Robe eigentlich so „entweihen"?

Die fünf Jahre, in denen wir in Verden lebten und in denen auch die beiden jüngeren Brüder geboren wurden, gehören zu meinen schönsten Erinnerungen. Aber Dich zog es weiter ans Oberlandesgericht nach Celle, und wir mussten die Verdener Freiheit gegen eine Neubauwohnung in einem Mehrfamilienhaus mit einem 100 qm großen Garten tauschen. Vorangegangen war für Dich eine Probezeit, in der Du jeden Montag nach Celle fuhrst und freitags erst zurückkamst. Wovon wir alle noch mit Vergnügen erzählen, ist Deine Bereitschaft, so manches Mal auf dem Hinweg Brieftauben mitzunehmen, die Du dann zur großen Freude der Brüder beim längeren Aufenthalt in Schwarmstedt von der dortigen Eisenbahnbrücke fliegen ließest. In der Regel waren sie schneller wieder in Verden als Du in Celle! Auf dem Rückweg brachtest Du oft eine große Tüte Waffelbruch mit. Eine

Köstlichkeit von der alteingesessenen Keksfabrik Trüller, die die beschädigten, frischen (!) Waffeln als Bruch günstig verkauften. Wir stürzten uns jedes Mal darauf, und Ihr hattet Eure liebe Not damit, sie gerecht auf alle Kinder zu verteilen.

In Celle liegen für mich auch die Wurzeln für unsere Begegnung mit der Kultur in ihren unterschiedlichen Ausprägungen. So bot man beispielsweise den Richterfamilien Führungen durch Ausstellungen im Celler Schloss an, die die dort eingelagerten Berliner Kunstschätze zeigten. Da fühlte ich mich durchaus privilegiert. Als das kleine Schlosstheater wieder eröffnet wurde, durften wir so manches Mal mitkommen, und auch die Konzerte in der „Union" oder Kirchenkonzerte habt Ihr uns ermöglicht. Das war für das Budget eines Oberlandesgerichtsrats mit fünf Kindern keine Selbstverständlichkeit und musste an anderen Stellen eingespart werden.

Dazu kam Dein wunderbares Vorlesen, das uns in andere Welten entführte und sich nicht nur auf die Kinderzeit beschränkte, sondern sich fortsetzte auf dem Weg ins Erwachsenenleben.

Manchmal frage ich mich verwundert, ob wir eigentlich nie Konflikte miteinander hatten. Oder habe ich die nur verdrängt? Richtig energisch bist Du mir gegenüber eigentlich nur geworden, als ich bereits nach der zehnten Klasse das Gymnasium verlassen wollte. Aber mehr als ein Kompromiss war bei mir auch nach einem weiteren Jahr nicht drin: Ich willigte ein, vor der von mir unbedingt gewollten Gartenbaulehre für ein Jahr eine Reifensteiner Landfrauenschule zu besuchen, wie auch Mutter es schon getan hatte und auf die alle Ehemänner von „Maiden", wie wir genannt wurden, schwören. Aber das hat mir tatsächlich viel Spaß gemacht, und war eine wichtige Grundlage für meine späteren Aufgaben als „Familienmanagerin". Schade, dass es diese Schulen nicht mehr gibt.

Über einen weiteren Wunsch von mir, nämlich unsere Verwandten in Kapstadt zu besuchen, war mit Dir allerdings gar nicht zu reden! Deine Sorge, dass ich als Frau eines Farmers in Südafrika bleiben könnte, war zugegebenermaßen auch nicht völlig abwegig. Dass ich dann – nur wenig älter als Mutter bei Eurer Hochzeit – einen Siebenbürger vom fernen Balkan geheiratet habe, war nicht ganz so schlimm, denn immerhin blieben wir in erreichbarer Nähe.

In Celle begann die Zeit Deiner ehrenamtlichen Tätigkeiten. Du wurdest Mitglied und später auch Vorsitzender des Kirchenvorstands unserer kleinen Gemeinde. Wie viele Abende und Nächte hast Du dort getagt und Gemeindeleben mit geprägt.

Die andere wichtige Aufgabe war Deine Tätigkeit als Kuratoriumsvorsitzender im Celler Waisenhaus. Es war dies ein

*Beim Bau des Celler Waisenhauses*

altehrwürdiges Gemäuer mit großen Schlafsälen und großem Esssaal, das inzwischen nicht mehr „echte" Waisenkinder beherbergte, sondern sogenannte Sozialwaisen. Geführt wurde es noch – soweit ich mich erinnere – wie in alten Zeiten, zwar liebevoll, aber mit wenig Raum für persönliche Entfaltung. Was war damals eigentlich der Auslöser für die Planung eines Neubaus? Hast du den Anstoß dazu gegeben? Auf jeden Fall war das eine Aufgabe, der Du Dich mit aller Hingabe widmetest. Du suchtest neue, moderne Ansätze für die Heimerziehung und überzeugtest die Beteiligten von der damals revolutionären Idee, eine Einrichtung zu entwerfen, in der die Kinder altersgemischt und mit Hauseltern wie in Familien leben sollten. Mithilfe eines kreativen Architekten hast Du als Motor des Projekts wirklich Großartiges geleistet. Über viele Jahre war das neue Kinderheim wegweisend und für die Kinder ein riesiger Gewinn.

Für mich war es immer total beeindruckend, wie selbstverständlich es Dir war, die Menschen, für die Du Entscheidungen zu treffen hattest, in den Mittelpunkt zu stellen. So wie Dir die Entfaltungsmöglichkeiten der Kinder im Waisenhaus am Herzen lagen, so sehr hast du auch bei Prozessen zuerst danach geschaut, wie wohl für die Beteiligten ein gutes Ergebnis aussehen müsse – und hast erst dann geprüft, ob das Gesetz den entsprechenden Raum dafür hergäbe. Ich erinnere mich noch gut, wie Du uns beim Mittagessen Fälle, die Dich gerade beschäftigten, vorgetragen und uns gefragt hast, wie wir wohl entscheiden würden. Das war eine gute Schule! Eine Schule, die mich auch später als Beteiligte an der Gesetzgebung immer wieder Ermessensspielräume hat suchen lassen. Dabei ist mir bewusst, dass Voraussetzung für kluges Nutzen des Ermessens Weisheit der handelnden Personen ist. Du warst ein solch weiser Richter in richterlicher Unabhängigkeit und Freiheit und damit ein großes Vorbild.

Apropos Gesetzgebung – wie findest Du es eigentlich, dass ich 19 Jahre im Bundestag war? Aber vielleicht hast Du ja mit den Grund dafür gelegt? Dass Du und natürlich auch Mutter mir neben vielem Anderen gerade Freiheitsliebe, Unabhängigkeit und Interesse an Menschen mit auf den Lebensweg gegeben haben, dazu einen festen protestantischen Glauben, hat mir, glaube ich, Kraft und Mut für dieses Amt gegeben, mich stark gemacht und mir geholfen, den aufrechten Gang zu bewahren.

Lieber Vater, Du hast in Deinem Leben viele berührende Reden gehalten auf Menschen, die Dir wichtig waren. Trotzdem warst Du einer, der selten Gefühle gezeigt hat, und schon gar nicht warst Du ein Vater zum Kuscheln. Aber ich habe Deine Liebe gespürt, auch wenn wir nicht darüber gesprochen haben. Um Dir ein wenig davon zurückzugeben, habe ich diesen Brief geschrieben.

Ich weiß, dieser Weg ist etwas ausgefallen, aber da Du immer eine gute Portion Humor hattest, wirst Du mich schon richtig verstehen. Oder – mit den Worten Deiner dreijährigen Urenkelin gefragt: „Das ist doch ok für dich?!"

*Ilse Falk, geborene v. Lüpke, Jahrgang 1943, ist gelernte Gärtnerin und Familienmanagerin. Sie lebt am Niederrhein und war von 1990 bis 2009 Abgeordnete des Deutschen Bundestages.*

## Susanne Aernecke

# Der Kapitän

Pippi Langstrumpf war mein Lieblingskinderbuch. Ich habe es schon mit sieben Jahren heimlich mit der Taschenlampe unter der Bettdecke verschlungen. Pippi war die Heldin in allen meinen Fantasien. Sie war stark, frech, mutig – und vor allem hatte sie einen Vater, der als wilder Pirat die sieben Weltmeere unsicher machte. Ob das irgendwelche Konsequenzen haben könnte, kümmerte sie nicht im geringsten. Pippi war auch nicht sauer, dass er nie da war. Dass er nicht mir ihr auf den Rummel ging, ihr kein Eis kaufte oder an der Schießbude mit nur drei Schuss einen riesigen Teddy organisierte. Er war trotz Abwesenheit ein prima Kerl, auf den sie nichts kommen ließ. Da gab es kein Vertun. Und jeder, der es wagte, das in Frage zu stellen, bekam es mit ihr zu tun. Aber wie.

Mein Vater fuhr ebenfalls zur See, allerdings nicht unter Piraten- sondern meist unter Panama-Flagge und auch nicht auf eigene Rechnung, sondern für eine Reederei in Lüneburg. Während Pippi Langstrumpf immerhin ab und zu Besuch von ihrem Vater bekam und in eindrucksvollen Szenen ihre Kräfte mit seinen messen konnte, blieb mir das komplett versagt. Etwas, das ich bis heute bedauere. Nicht, dass ich ihn zum Armdrücken herausgefordert hätte, aber einfach eine männliche Person an meiner Seite zu haben, das wäre schon schön gewesen. So gab es ihn eben nur in meiner Fantasie: den großen Unbekannten, den fliegenden Holländer, den Seebär, der irgendwo auf unbekannten Meeren herumschipperte und aus für mich unbegreiflichen Gründen nichts von mir und meiner Mutter wissen wollte. Wie auch Pippi habe ich das allerdings nie als Ablehnung empfunden. Der Mann kannte mich ja gar nicht.

So gut wie nie wurde über ihn gesprochen. Für meine Mutter war dieses Kapitel ihres Lebens eher unerfreulich gewesen, und auch für meine Großmutter, bei der ich größtenteils aufwuchs, war „der Kapitän" ein rotes Tuch. Er hatte sämtliche Pläne zerstört, die sie für ihre Tochter gehabt hatte. Die sollte nämlich nach dem Krieg raus aus dem zerstörten Deutschland und ab zur reichen Verwandtschaft in die USA, um sich dort ein angenehmes Leben aufzubauen. Doch da es ja meist anders kommt, als man denkt, machte sie auf dem Schiff von Rotterdam nach New York – Transatlantikflüge waren damals noch unbezahlbar – die nähere Bekanntschaft des Kapitäns. Und statt sich um eine Einwanderungsgenehmigung zu bemühen, schipperte sie mit meinem späteren Vater flugs wieder zurück nach Europa. Der fühlte sich offenbar wohl in der Gesellschaft der gerade erst 23-Jährigen und dankte es ihr mit einem Heiratsantrag auf hoher See. Meine Mutter war selig und schwelgte wahrscheinlich in der romantischen Vorstellung, als Kapitänsgattin die ganze Welt kennenzulernen. Meine Großmutter dagegen war entsetzt. Sie hatte so ihre Vorurteile, was Seeleute betraf, und behielt damit auch recht: Die Ehe meiner Eltern zerbrach bereits nach einem Jahr – immerhin hielt sie lang genug, um mir eine Chance zu geben. Bei der Scheidung kam heraus, dass „der Kapitän" schon mehrmals verheiratet war und auch eine beachtliche Nachkommenschaft gezeugt hatte. Offiziell waren es, mich eingeschlossen, vier Kinder, doch die Zahl seiner sogenannten „Black Points", wie er später die Früchte seiner Seitensprünge nannte, liegt bis heute im Dunkel.

Nachdem die Scheidung von meiner Mutter vollzogen war, heiratete er sofort wieder und schenkte seiner neuen Gattin direkt hintereinander zwei Kinder. Meine Halbschwester Bettina und meinen Halbbruder Heiner.

Verständlicherweise wollte meine Mutter nichts, aber auch gar nichts mehr mit ihm zu tun haben, und so hatte ich außer einem Hochzeitsfoto, das ihn mit vier goldenen Streifen am Ärmel in schnieker Uniform zeigte, keinerlei konkrete Vorstellung von ihm. Besser gesagt: ich hatte einen Haufen Vorstellungen, aber eben nur dieses eine Foto. Und auch keinen Kontakt.

Am meisten fehlte er mir in der Pubertät, also genau in der Zeit, in der Jugendliche am liebsten wenig mit ihren Eltern zu schaffen haben wollen. Meine Mutter hatte wieder geheiratet, und es fiel mir sehr schwer, diesen neuen „Vater", der nicht den Hauch eines Abenteuers an sich hatte, sondern bei Siemens arbeitete, in unserem Frauenhaushalt zu akzeptieren. Das tolle, bunte Bild meines Fantasievaters legte sich über alles. Das ließ ich meinen Stiefvater auch deutlich spüren – heute tut es mir leid.

Bevor wir zur Kleinfamilie wurden, war ich nach der Schule zu meiner Großmutter gegangen, um zu essen und Schularbeiten zu machen, und anschließend zu der Wohnung, in der ich mit meiner Mutter lebte. Ich hatte einen Schlüssel um den Hals und konnte ziemlich eigenständig über meine Zeit verfügen. Meine Mutter kam meist spät von der Arbeit und ging auch abends gerne mal weg. Dann kam Frau Speltan, eine etwas seltsame, rothaarige ältere Dame, die mich bis in die Puppen fernsehen ließ und auch sonst viel Unfug mit mir anstellte. Das alles hörte nach der Heirat schlagartig auf. Wir zogen um, weg von meiner Oma, weg von Frau Speltan. Ich kam auf eine neue Schule, und das Leben verlief plötzlich in ganz anderen Bahnen. Geordneten

Bahnen. Man sagt ja, dass das wichtig für Kinder ist. Mir hat es nicht gefallen.

Kurz vor meinem 18. Geburtstag eröffnete mir meine Mutter, dass sie und mein Stiefvater nach Mexiko gehen würden, wo er ein neues Fertigungswerk für Siemens mit aufbauen sollte. Ich sah das Licht der Freiheit am Horizont aufflackern und hatte nicht eine Sekunde den Gedanken, ich könnte die beiden begleiten. Etwas, worüber sie wahrscheinlich froh waren. Die letzten Jahre waren für uns alle nicht einfach gewesen.

Kurz bevor ich das Abitur machte, lernte ich einen zwanzig Jahre älteren Journalisten kennen, der sich unsterblich in mich verliebte. Zum ersten Mal fühlte ich mich von einem männlichen Wesen geachtet. Er war stolz auf mich, als ich Abitur und Führerschein bestand, er nahm mich mit auf abenteuerliche Autorallyes, auf Segeltörns und spannende Reisen. Natürlich war er eine Art Ersatzpapa. Aber er nutzte das nicht aus. Im Gegenteil: er war derjenige, der mich darin bestärkte, meinen leiblichen Vater ausfindig zu machen und ihn nicht weiter als Konstrukt meiner Fantasie zu pflegen. Und da meine Mutter ja im fernen Mexiko weilte, gab es eigentlich keinen Grund, mich nicht auf die Suche zu begeben.

Über das Münchner Vormundschaftsamt bekam ich den Namen der Reederei heraus, für die mein Vater seit beinahe vierzig Jahren große Schiffe mit aller nur erdenklicher Fracht, von Holz über Autos bis zu Orangen, an ihre Zielorte navigierte, und rief dort ziemlich nervös an. Aber die Dame am anderen Ende der Leitung war gar nicht barsch, wie ich erwartet hatte, sondern im Gegenteil sogar unheimlich freundlich. Ohne große Umschweife schlug sie mir vor, einen kurzen Brief aufzusetzen, den sie dann zum Schiff meines Vaters kabeln würde. Erst später ist mir der Gedanke gekommen, dass es möglicherweise für sie nichts Ungewöhnliches war,

*Spät gefunden: Heiner Aernecke*

wenn Kinder von Seeleuten bei ihr anriefen und nach ihren Vätern forschten.

Schon zwei Tage später kam die Antwort, und zwar nicht etwa über die Reederei, sondern per Telegramm. Das erste Telegramm meines Lebens. (Gibt es so was heute eigentlich noch?) Mein wiedergefundener Papa, so erfuhr ich, befand sich gerade an der Ostküste Brasiliens und war hocherfreut, von mir zu hören. Er schlug mir vor, auf seine Kosten nach Belém zu fliegen, wo er in zwei Wochen vor Anker gehen würde. Ein kurzer Check im Diercke-Atlas bestätigte mir: Jawohl, Belém gibt es, und es liegt auch wirklich in Ostbrasilien, an der Mündung des Amazonas. Also flog ich hin, voller Erwartung, Neugier und auch ein bisschen Angst. Zu meinem Papa, dem Kapitän.

Was dann kam, war beinahe wie in einem Rosamunde-Pilcher-Film. Am Flughafen wartete bereits die Limousine der Reederei auf mich, die mich zum Schiff bringen sollte. Der dunkelhäutige Chauffeur hielt direkt an der Hafeneinfahrt, und von dort konnte ich zusehen, wie das Schiff meines Vaters von einem Schlepper immer näher herangezogen wurde. Eigentlich hatte ich mich bislang für einen ziemlich coolen Teenager gehalten, aber jetzt zitterten mir doch ein bisschen die Knie, und ich hatte dieses Kribbeln in den Pobacken, das ich bis heute bekomme, wenn mir so gar nicht klar ist, wie eine Situation ausgeht, die ich selber herbeigeführt habe. Wie würde er sein? Würde er mich mögen? Würde ich ihn mögen? Und was, wenn nicht?

Der Frachter, ehrlich gesagt kein Traumschiff, sondern eine ziemliche Rostlaube, legte an. Millimetergenau. Armdicke Taue flogen durch die Luft. Zwei verwegen aussehende Brasilianer klappten die Gangway herunter.

Und dann kam ER. Ein bisschen älter als auf dem Hochzeitsfoto, war ja auch klar. Aber zwei stahlblaue Augen in einem wettergegerbten Gesicht. Groß war er nicht gerade, eher zierlich wie ich. Kein mächtiger Seebär mit dunkelblauem Rollkragenpullover. Stattdessen ein weißes T-Shirt, weiße Tennisshorts und auch weiße Haare. Er musste schon über siebzig sein. Breit grinsend breitete er seine Arme aus und drückte mich an sich, zum ersten Mal in meinem Leben. Wir müssen wohl schon eine Weile so da gestanden haben, als es plötzlich Applaus gab. Oben an der Reling des Schiffs aufgereiht standen mindestens dreißig neugierige Matrosen und klatschten.

Dann legte mein Vater den Arm um mich, und wir betraten das eiserne Ungetüm, das mir bald zur neuen Heimat werden sollte. Einer Heimat, der man nicht auf Wiedersehen sagen musste, wenn man die Welt sehen wollte.

Nach nur einem Tag Aufenthalt ging es von Belém den Amazonas hinauf Richtung Manaus, wo wir Holz laden sollten. Keine Ahnung, ob damals schon jemand groß von der Zerstörung der tropischen Wälder redete, jedenfalls war es bei meinem Vater kein Thema und bei mir auch nicht. Wir hatten andere Dinge zu besprechen. Achtzehn Jahre aufzuholen. Das war gar nicht so einfach, obwohl wir von Anfang an auf einer Wellenlinie funkten, vor allem, was den Humor betraf. So richtig väterlich kam mir mein Vater allerdings nicht vor. Eher wie ein Kumpel, den man lange nicht gesehen hat. Mein bisheriges Leben interessierte ihn nicht besonders, auch nicht, was ich in Zukunft so vorhatte. Wichtig war allein, in welchem Licht ich ihn sah. Was mir meine Mutter über ihn erzählt hatte. Natürlich wollte er strahlen. Welcher Mann will das nicht.

Abendelang breitete er in seiner edlen, mit Wurzelholz getäfelten Kapitänskajüte sein Leben vor mir aus. So erfuhr ich ganz nebenbei, dass er nach meiner Mutter, die bereits seine vierte Ehefrau gewesen war, noch zwei andere geheiratet hatte, machte zusammen sechs. Und außerdem hatte ich einen Halbbruder und vier Halbschwestern.

Ich kann mich noch gut an die Glücksgefühle erinnern, die mich damals überkamen, wenn ich allein in der kleinen Krankenkajüte lag, die man mir zugeteilt hatte, weil sie in der Mitte des Schiffes lag und es dort am wenigsten schaukelte. Ich war endlich draußen aus der spießigen Welt, in der ich mich beengt und gegängelt gefühlt hatte, mitten in einem großen Abenteuer, hatte Geschwister, die ich zwar noch nicht kannte, die ich mir aber immer gewünscht hatte, und einen Vater zum Anfassen.

Heute sehe ich das ein bisschen anders. Diese Glücksgefühle überkamen mich in meinem späteren Leben immer wieder, wenn ich fremde Länder bereiste, um dort spannende Dokumentarfilme zu drehen. Sie hatten vielleicht gar nicht unbedingt mit meinem Vater zu tun. Eine tiefe, beglückende Vater-Tochter Beziehung kann wohl kaum in einem einzigen Jahr entstehen und ist in diesem einen Jahr auch nicht entstanden, das ich auf dem Frachtschiff „Hille" verbrachte. Was ich jedoch mitgenommen habe, sind Erinnerungen, die manchmal hochkommen, wenn ich eigene Reaktionen überdenke, die ich auch an ihm erlebt habe. Dann habe ich manchmal das Gefühl: Ich weiß, woher ich komme und woher ich das habe. Ähnlich geht es mir, wenn mir Menschen, die ihn kannten, sagen, wie ähnlich ich ihm sehe. Um meinen Vater als einen prägenden Teil meines Lebens zu sehen, war die Zeit jedoch zu kurz, waren die gemeinsamen Erlebnisse zu flüchtig.

Was mir diese Reise jedoch brachte, waren Einsichten in eine mir bis dato völlig fremde Welt. Die Welt anderer Kulturen. Ich war das einzig weibliche Wesen an Bord – unter 110 wilden Kerlen von den Philippinen, den Kapverdischen Inseln, aus Indonesien, Indien, der Türkei und vielen anderen Ländern.

Sobald ich mich an die Blicke gewöhnt hatte, an die sich wahrscheinlich jede propere blonde Achtzehnjährige gewöhnen muss, wollte ich alles über sie wissen. Die Jungs sollten mir von den Ländern erzählten, aus denen sie kamen, von ihren Familien, ihren Schwierigkeiten, ihrer Religion – einfach alles. Was mir am Anfang noch fremd und vielleicht ein wenig beängstigend erschienen war, bekam schnell eine immer größere Faszination. Ich begann schon damals kleine Geschichten zu schreiben. Über den ersten Ingenieur, der ein Sikh war und aus religiösen Gründen noch nie seine unter einem mächtigen Turban versteckten Haare geschnitten hatte. Über Mehmed, den türkischen Funker, der, wenn er nicht gerade Dienst hatte, zum Sonnenuntergang seinen kleinen Gebetsteppich an Deck ausrollte und gen Mekka betete – da das Schiff nicht stur geradeaus fuhr, lag Mekka jedes Mal woanders. Der russische Smutje in der Kombüse dagegen glaubte an gar nichts außer an den Geist des Wodkas. Und der indianische Steuermann, bei dem ich manchmal halbe Nächte auf der Brücke verbrachte, erzählte mir, während wir unter dem funkelnden Sternenhimmel der südlichen Hemisphäre den Amazonas durchpflügten, von der schamanischen Welt der Tiergeister seines Stammes.

Nach mehreren Monaten – ich hatte meine Äquatortaufe bestanden, war durch den Panamakanal gefahren, sprach schon leidlich Spanisch, ein bisschen Hindi und ein paar Worte Russisch – landeten wir in der Karibik. Genauer gesagt, vor der Insel Santo Domingo. Hier endete die Traumreise.

Mein Vater, der sich bereits in den letzten Wochen nicht besonders gut gefühlt hatte, ließ sich für eine mehrtägige Untersuchung in ein US-amerikanisches Krankenhaus einweisen. Das Ergebnis war ein Schock: Krebs im Endstadium. Die Ärzte gaben ihm noch wenige Monate.

Zwei Tage später saßen wir im Flugzeug Richtung Deutschland. Mein Vater machte Witze wie eh und je. Ich versuchte, über jeden zu lachen, obwohl ich eigentlich am liebsten Rotz und Wasser geheult hätte. Warum? Warum konnte nicht alles einfach immer so weitergehen?

Mein Münchner Studentenapartment kam mir vor wie ein Mäuseloch. Wo war die Weite des Meeres, wo war das Leben?

Mein Vater dagegen genoss das Leben bis zum letzten Atemzug. Auf dem Totenbett heiratete er zum siebten Mal, diesmal seine Krankenschwester. Was für ein Frauensammler, was für ein Charmeur. Sie sei eben besonders freundlich zu ihm gewesen, erzählte er mir am Telefon. Tja, wenn das kein Grund zum Heiraten ist. Manchmal wünsche ich mir noch heute, ich hätte mir von seiner Sorglosigkeit eine Scheibe abschneiden können, aber ausgerechnet die hat er mir nicht vererbt.

Zwei Wochen später war er tot. Und drei Wochen später war ich wieder auf einem Schiff. Bei der Seebestattung meines Vaters lernte ich einige meiner Halbgeschwister kennen; manche sahen mir sogar ähnlich. Während wir langsam den Hamburger Hafenlärm hinter uns ließen und in eine Nebelbank hineinfuhren, musste ich an die Geister und die Ahnenwelt des indianischen Steuermanns denken. Wo war mein Vater jetzt? Kommt jeder dorthin, wo er sich in seinem Leben hindenkt? Ist das Leben eine Art Vorbereitung auf den Tod? Bedeutet ein anständiges Leben tatsächlich ein angenehmeres Dasein im Jenseits? Oder ist nach dem letzten Atemzug einfach alles aus?

Ich glaube, mein Vater war nicht besonders religiös, und mir fällt erst jetzt ein, dass ich gerade darüber nie mit ihm gesprochen habe.

Als später der Wind seine Asche mitnahm, fühlte ich mich auf eigenartige Weise trotzdem mit dem Leben versöhnt.

Wenn mir auch als kleines Kind der väterliche Gute-Nacht-Kuss fehlte und statt des Kapitäns mein Stiefvater mit mir Mathe paukte, so hat mein Vater doch, wenn auch unbewusst, meinem Leben eine Richtung gegeben. Keine Zielvorgabe, aber eine Freude am Unterwegssein und eine nie endende Suche nach der Liebe.

Das „Vaterthema" hat mich mein Leben lang begleitet und tut es immer noch, in meiner Beziehung zu Männern, aber auch in meinem Gottesverständnis. Das Bild von Gott als Vater, der auf mich aufpasst und dem ich alle meine Sorgen anvertrauen kann, scheint meiner Situation nicht ganz gerecht zu werden. Und so habe ich mich lange Zeit nur mit anderen Religionen und nie mit meiner eigenen, dem Christentum, beschäftigt. Das änderte sich erst, als ich eine sechsteilige Fernsehserie für das ZDF und 3sat über die großen christlichen Orden drehte und mich ausgiebig mit Nonnen und Mönchen auseinandersetzte. Ganz allmählich bekam ich ein Verständnis für das, was sie Gottvater nennen. Für das Vertrauen, das sie deshalb ins Leben haben, für die Sicherheit und die Erdung, die ihnen ihr Glaube gibt. Nur das mit der persönlichen Gottesbeziehung konnte und wollte ich für mich selbst nicht gelten lassen. Bei Lesungen meines letzten Buches, das ich im Rahmen dieser Dokumentationsreihe schrieb, wurde ich immer wieder gefragt: „Und Sie, glauben

Sie eigentlich an Gott?" Meine Antwort kam immer zögerlich. Meistens sagte ich: „Irgendwas muss dran sein", und war froh, wenn dann das Thema gewechselt wurde. Aus dieser Antwort entstand 2010 ein neues Buch mit genau diesem Titel. Ich habe mich auf die Suche nach Menschen gemacht, denen Gott der Vater tatsächlich begegnet ist. Die meisten meiner Interview-Partner hatten aufgrund ihrer Lebensgeschichte kein besonders positives Vaterbild, und trotzdem haben sie auf verschiedenste Weise zu Gott gefunden. Ihre Geschichten haben mich persönlich nicht nur sehr berührt, sie haben auch mein eigenes, etwas zerknittertes Vaterbild wieder etwas glatter gebügelt.

*Susanne Aernecke, Jahrgang 1962, ist nach einem Sprachstudium und einer Regieausbildung als freie Autorin und Filmemacherin tätig. Sie drehte Fernsehdokumentationen in aller Welt.*
*Für die Fernsehserie TE DEUM war sie zum ersten Mal im christ-*

*lichen Kulturkreis unterwegs. Daraus entstand ein Buch mit dem Titel „Komm mit, ich liebe Dich" (Piper Verlag). Ihr zweites Buch „Irgendwas muss dran sein" ist bei Adeo/Random House erschienen. Momentan bereitet sie einen Dokumentarfilm über den kanadischen Schriftsteller William Paul Young und seinen Weltbestseller „Die Hütte" vor. Sie lebt heute in München und auf der Kanareninsel La Palma.*

## Dr. Ute Keller

# Der Baumeister

Wer sich im Himmel auskennt, der kommt auch auf der Erde zurecht.

*Hans-Joachim Eckstein*

Als ich an einem Sonntag bei meinen Eltern in Lobetal, ihrem Zuhause seit nunmehr 25 Jahren, am Kaffeetisch saß und meinem Vater erzählte, dass ich angefragt worden sei, über ihn und mich zu schreiben, sah er mich neugierig fragend an und meinte: „Na, da bin ich aber gespannt, was du von mir zu erzählen weißt."

Die sich erzählenden Familiengeschichten in steter Wiederholung, die mir als Heranwachsende eher lästig oder langweilig erschienen, erachte ich mittlerweile als unverzichtbar, um nicht zu vergessen, woher ich komme und was mich geprägt hat, um zu verstehen, was mir wichtig ist, und um zu wissen, was sich zu bewahren und weiterzugeben lohnt.

Mein Vater wurde im Juni 1939 in Klöstitz/ Bessarabien am Schwarzen Meer geboren. Seine

*Mit dem Vater vor „seiner" Spremberger Talsperre*

Vorfahren waren Anfang des 19. Jahrhunderts als Bauern aus Schwaben dorthin ausgewandert, und noch heute habe ich den schwäbischen Dialekt, den mein Vater mit seiner Mutter sprach, als eine mir fremde Sprache aus einer mir immer fremd gebliebenen Welt im Ohr. Bessarabien steht für mich für eine ferne und untergegangene Zeit, für meinen Vater, dessen Familie kriegsbedingt 1940 nach Weinböhla/ Sachsen ins Übergangslager umgesiedelt und später in Posen angesiedelt wurde, es steht für verlorene Heimat. Erst später bekam ich eine Ahnung davon, dass es nicht so sehr um den Verlust von Grund und Boden ging, sondern um die verlorengegangenen Geschichten aus einer Welt, die plötzlich nicht mehr da war, und daher uns Nachgeborenen kaum mehr zu vermitteln sind.

Aber erst durch den Tod eines engen Freundes vor einem Jahr habe ich die Tragik des Verlustes verlorengehender Geschichten selbst erfahren. Unsere vielen gemeinsamen Erlebnisse wurden in unseren Gesprächen immer wieder mit einem „Weißt du noch ...?" lebendig gehalten und gaben mir das Gefühl des Teilhabens und Verstandenwerdens. Mit dem Tod brach dieser Gesprächsfaden plötzlich ab und damit das eigene Mitteilen, aber auch die Anteilnahme des Freundes an meiner Lebensgeschichte. Dafür wird es nie einen Ersatz geben können.

Die Zwangsansiedlung auf einen Hof im besetzten Polen war für die Familie meines Vaters nach all den Wirren der Monate zuvor ein weiteres traumatisches Erlebnis. Sie, die als Christen bemüht waren, ihr Leben vor Gott und im guten Miteinander mit ihren Nachbarn zu leben, sollten nun plötzlich Besetzer sein, den polnischen Eigentümern ihr Hab und Gut nehmen und sie als Zwangsarbeiter bei sich arbeiten lassen. Was das mit meinen Großeltern machte, lässt sich allenfalls erahnen. Noch ihre Kinder, die Generation meines Vaters, ist bis heute kaum in der Lage, darüber zu reden. Für mich wurde es später, in den Jahren meiner Ausbildung zur Psychotherapeutin, die eine intensive und analytische Selbsterfahrung beinhaltete, ein mühsamer Prozess des Akzeptierens und dennoch Fragens.

So bin ich heute dankbar, dass manche Auseinandersetzung über unterschiedliche Sichtweisen auf Herkunft und Familie zwischen meinem Vater und mir unsere Beziehung nicht nachhaltig belastete, sondern im Laufe der Jahre eher vertiefte und zu einem besseren gegenseitigen Verstehen und Annehmen führte.

Die Eltern meines Vaters versuchten trotz widriger Umstände, ihren Kindern andere Grundwerte zu vermitteln als die, die in Nazideutschland propagiert wurden. Diese schöpften sie vor allem aus ihrem christlichen Glauben, der ihnen seit Generationen etwas ganz Selbstverständliches und zugleich Kostbares war und daher an die Kinder mit großer Selbstverständlichkeit weitergegeben wurde. In der nach dem Zweiten Weltkrieg folgenden erneuten Diktatur, jetzt in der DDR, war dies für meinen Vater eine wichtige Quelle der Kraft und des Mutes, da auch er, wie schon zuvor seine Eltern, nun als Christ erfahren musste, dass sein Denken, Reden und Handeln weder frei noch willkommen waren und dass dieses Leben erneut nicht unerhebliche negative Konsequenzen für ihn und seine Familie bedeutete.

Ich bin durch den Glauben meiner Eltern zunächst ganz selbstverständlich in den christlichen Glauben hineingewachsen und habe ihn als ein tragendes Fundament schon früh schätzen gelernt. Wichtig und nicht immer leicht wurde es für mich im Laufe der Jahre jedoch, meinen eigenen Weg zu finden. Dass dies gelang, ist für mich Ausdruck großer innerer Freiheiten meiner Eltern, die ich bis heute als Menschen mit klaren Vorstellungen und Werten erlebe, wobei sie diese aber nie als Zwang, sondern immer als gutes Beispiel uns Kindern vorlebten und es aushielten, wenn wir eigene und auch andere Wege wählten. So war es sicher für meinen Vater nicht leicht, als ich als Jugendliche beschloss, nicht mehr in jeden Gottesdienst am Sonntagmorgen mit zu gehen, da ich mich teilweise derart über Predigten ärgerte, dass ich meinte, diesen Weg wählen zu müssen. Später hat mir seine Beständigkeit und Treue zum sonntäglichen Kirchgang geholfen, nicht beim Fernbleiben zu bleiben, sondern aktiv nach einer Gemeinde und Gemeinschaft mit Christen zu suchen. Wenn ich heute durch meinen Dienst im Krankenhaus oder Unterwegssein nicht dazu komme, dann ist mir dennoch ein sonntägliches Ritual des „Unter Gottes Wort kommen" wichtig, was meist das Lesen einer Predigt und Hören der Bachschen Kantate für den entsprechenden Sonntag beinhaltet.

*Der kleine Siegbert (\*1939) mit Familie, zwangsumgesiedelt nach Posen (1944)*

Aber zurück noch einmal zum Jahr 1945: Mit dem Herannahen der russischen Armee musste die Familie meines Vaters erneut fliehen, und schließlich versuchten sie, sich im Süden von Berlin, in Berkenbrück, und später in Fürstenwalde zu beheimaten. Meine früheste Erinnerung geht auf die Großmutter in Fürstenwalde zurück; der Großvater starb schon sechs Jahre vor meiner Geburt.

Mein Vater besuchte als Junge und Heranwachsender die Schule und wurde von seinem Vater sehr gefördert und darin bestärkt, Abitur zu machen und ein Studium zu wählen. Und mein Vater tat dann genau dies auch mit uns Kindern – ich habe noch einen drei und einen vier Jahre älteren Bruder –, wobei es für meine Brüder schon selbstverständlicher war, nach dem Abitur zu studieren, während es für mich als Tochter einen ganz neu zu beschreitenden Weg bedeutete, da es im familiären Umfeld noch unüblich war und mir im gemeindlichen Kontext sogar wiederholt abgeraten wurde. Verletzt und verunsichert haben mich dabei vor allem ernst gemeinte Äußerungen älterer Gemeindemitglieder: Ein Mädchen, das es mit seinem Glauben ernst meine, solle am besten Krankenschwester werden und/oder einen Pfarrer oder Prediger heiraten.

Im Nachhinein denke ich, dass mein beruflicher Werdegang ein ganz anderer geworden wäre, wenn mein Vater damals nicht so sehr auf eine gute Bildung geachtet und auf solche Äußerungen gelassen reagiert hätte. Obwohl ich immer leicht lernte und oft beste Noten hatte, erhoffte ich mir zunächst wenig berufliche Perspektive. Wiederholt wurde mir in der der SED unmittelbar unterstellten und von dieser überwachten DDR-Schulausbildung von Direktoren erklärt, dass ich als Christin nicht viel zu erhoffen hätte. Mehr noch: Einige Lehrer sicherten mir direkt zu, sich persönlich dafür einsetzen zu wollen, dass ich auf gar keinen Fall an eine Universität käme. Aber mein Vater, der schon einmal ein „Tausendjähriges Reich" in nur wenigen Jahren hat untergehen sehen, blickte weiter – und hatte den Mut, die Grenzen des Systems auszutesten und die Genossen ihre eigenen Gesetze zu lehren, die nämlich doch mehr an Bildungsmöglichkeiten für seine Kinder zuließen, als manche für möglich hielten. Als ich 16 war und mein Vater mich für ein Musikstudium in irgendeine geforderte Liste eintrug, damit ich die nächste schulische Etappe durchlaufen konnte, fand ich dies allerdings wenig lustig und bekam ob meiner begrenzten musikalischen Begabungen Panik. Während es für ihn wichtig war, den Zusammenhang der schulischen Entwicklung seiner Kinder im Blick zu behalten, und weil er wusste, dass manche Listen allenfalls Scheincharakter hatten, sah ich mich schon an den eingetragenen Stellen, die da schwarz auf weiß beschrieben waren, unter lauter hochbegabten Musikern als „Kuckucksei" sitzen. Hier fand eine Gratwanderung zwischen väterlicher Weisung und selbstbestimmtem Entscheiden statt – eine Sache, die ich damals meist mit mir selbst und nur selten im Kontakt mit meinem Vater ausmachte. Das hatte dann allerdings zur Folge, dass ich ab und zu an Stellen „platzte", die es gar nicht wert waren.

*Siegbert als Student*

Erst mit der Zeit und nicht zuletzt auch durch meine Ausbildung lernte ich, Dinge anders zu klären. Die gute Mischung aus Autorität und gewährendem Freiraum, die ich bei meinem Vater erlebte und in ähnlicher Weise auch von meiner Mutter bekam, ist für mich heute ein Teil des Bodens, auf dem es sich gut stehen und gestalten lässt.

Mein Vater wählte für sich das Studium des Wasserbauers und begann im Anschluss daran, Talsperren zu bauen. Seine erste berufliche Station war die Talsperre Spremberg bei Cottbus, wo wir bis zu meinem zweiten Lebensjahr wohnten und wo er seine Frau noch als Student in der dortigen Landeskirchlichen Gemeinschaft, der geistlichen Heimat meiner Eltern, fand und heiratete. Nach zwei Söhnen wurde ich 1968 als einzige Tochter geboren, und bis heute liebe ich die Geschichte meines Vaters, die er immer und immer wieder zu erzählen weiß, dass nämlich die Telefonzelle vor Freude wackelte, als ihm berichtet wurde, er habe ein Tochter bekommen. Welch ein Schatz steckt in dieser Willkommengeschichte!

1970 zogen wir in die Nähe von Bautzen, wo für die nächsten sieben Jahre der Bau einer Talsperre anstand und wo meine eigenen Erinnerungen beginnen. Da ist das Bild von diesem kastenförmigen, etwas trutzig wirkenden Haus auf dem Hügel, von dem aus man einen guten Überblick auf die entstehende Talsperre hatte. Dieses Haus, das für mich mit Familie und Heimat verbunden ist, steht auch für die Dinge, die mir meine Eltern in dieser Zeit gaben und die bis heute mein Inneres nähren, nämlich Klarheit und Offenheit, Vertrauen und Liebe, Strenge und Güte, Humor und die Freude, sich mitzuteilen, dazu die Bereitschaft, zuzuhören und das Geschenk, gehört zu werden, und zwar nicht nur mit dem Ohr, sondern vor allem mit dem Herzen.

Diese Zeit der Kindheit ist auch verbunden mit vielen guten Ritualen, wie zum Beispiel unserem Geburtstagslied: „Weil ich Jesu Schäflein bin", das mir bis heute im Ohr klingt, auch wenn es kaum noch gesungen wird.

Auf Bautzen folgten das Erzgebirge und der Bau der Talsperre Eibenstock. Was wir Kinder bis zu dieser Zeit eher als ein Abenteuer verstanden, war für meine Eltern die ständige Bereitschaft zur Veränderung, zum Leben auf Baustellen, zum Knüpfen neuer Kontakte und zum Versuch, in fremder Gegend vertraut zu werden. Während für meinen Vater mit jeder neuen Talsperre viele neue und für ihn sicher spannende Herausforderungen auf ihn zukamen, bewundere ich heute eher meine Mutter, die als Frau an seiner Seite dies alles mit trug und die für mich in bemerkenswerter Weise trotzdem auch ihren eigenen Weg ging – und dabei bereit war, auf vieles, was man heute als Selbstverwirklichung beschreiben würde, zu verzichten. Wobei ich mich frage, ob meine Mutter an der Seite meines Vaters nicht mehr an Selbst verwirklichen konnte, als die, die diesen Weg nur als Abkehr oder in Abgrenzung vom anderen verstehen und nicht selten nur weggehen und nirgends ankommen.

Wenn ich die Ehe meiner Eltern betrachte, dann ist da für mich als Kind viel Klarheit und Einigkeit, und ich erinnere kaum einen offen vor uns Kindern ausgetragenen Streit, schon gar nicht hinsichtlich Entscheidungen, die uns Kinder betrafen. Ich habe nie nachvollziehen können, wenn Freunde mir erzählten, wie sie, wenn sie etwas haben wollten, überlegen mussten, ob sie damit eher zum Vater oder zur Mutter gehen sollten. Für mich war klar, dass das, was einer der beiden aussprach, auch vom anderen mitgetragen wurde. Dass dies zwischen beiden nicht immer so klar war, erfuhr ich erst als Erwachsene. Und dass es in einzelnen Dingen sogar große Diskrepanzen gab, ebenfalls. Umso mehr bin ich ihnen dankbar, dass ich als Kind dies nicht erleben musste und damit auch nie in die Not der Entscheidung zwischen den beiden geriet.

Meine Eltern sind nun fast 50 Jahre verheiratet und können auf viel Gemeinsames mit Höhen und Tiefen zurückblicken. Was ich bis heute an ihnen gleichermaßen bewundere wie als eine Gnade begreife, ist ihre Fähigkeit, sich an vielen kleinen, aber auch großen Dingen zu freuen und ihr Leben in steter Dankbarkeit als ein Geschenk aus Gottes Hand zu verstehen. Dadurch waren sie zum Beispiel in der Lage, unter einfachsten Lebensbedingungen mit schon zwei Kindern in Vaters Studentenbude glücklich zu sein. Genau so gern aber erzählen sie auch, dass mein Vater meiner Mutter ab und zu ein besonderes Kleidungsstück kaufte und dass es dabei keine Rolle spielte, was es kostete. Ausgegeben wurde allerdings nur, was auch da war – ein Grundsatz, den ich heute, wo man ein Leben auf Pump fast aufgedrängt bekommt und darüber leicht in die Schuldenfalle gerät, als wichtiger denn je erachte.

Vor sechs Jahren wurde mein Vater mit 65 Jahren aus dem aktiven Arbeitsleben in den Hoffnungsthaler Anstalten in Lobetal verabschiedet. Hierhin hatte ihn Pfarrer Uwe Holmer 1985 als verantwortlichen Bauleiter berufen, denn in der diakonischen Arbeit für behinderte und alte Menschen kam es ihm neben Fachlichkeit bei seinen leitenden Mitarbeitern auch auf ein Leben in der Nachfolge Christi an. Mein Vater hatte sich deshalb rufen lassen, auch wenn es ihm schwer fiel, „seine Talsperren" aufzugeben.

In einer sehr schönen Feierstunde zu seinem Abschied traten Kollegen und Wegbegleiter auf, die meinen Vater in meist liebevoller, manchmal auch augenzwinkernder Weise charakterisierten und erzählten, wie es ihnen mit ihm in den unterschiedlichen beruflichen Zusammenhängen ergangen war. Dabei staunte ich nicht schlecht, wie viele der Beschreibungen, die meinen Vater charakterisierten, auch auf mich passten – vor allem auch solche, die ich selbst an mir nicht immer so gut annehmen kann oder die ich aus der Auseinandersetzung anderer mit mir kenne. Diese Parallelität beunruhigte und berührte mich zugleich.

So bin und bleibe ich wohl, mal weniger, meist aber mehr und seit langem schon in großer Dankbarkeit meines Vaters Tochter.

PS: Als ich vor eineinhalb Jahren eine Wette einging, die einen Zehnkilometerlauf beinhaltete und die ich, wollte ich nicht eine beträchtliche Summe Geld verlieren, unbedingt zu gewinnen hatte (ich maßte mir an, diese zehn Kilometer unter einer Stunde zu schaffen), brauchte ich eine Laufstrecke und einen Trainer, der mit seinem Fahrrad diese einerseits ausmaß und andererseits mir zur Seite stand, um die Zeit zu nehmen. Was zunächst für die ersten ein- bis zweimal gedacht war, wurde schnell zu einem nicht mehr wegzudenkenden Vater-Tochter-Ritual in einem wunderschönen Naturschutzgebiet Brandenburgs. Diese in der Regel frühe Stunde am Sonntagmorgen ist seitdem die unsere.

*Dr. Ute Keller, Jahrgang 1968, geboren in Guben (ehem. Wilhelm-Pieck-Stadt), ist bei Bautzen und im Erzgebirge aufgewachsen. Nach dem Abitur in Bernau bei Berlin studierte sie an der Berliner Charité Humanmedizin, machte die Facharztausbildung zur Ärztin für Psychiatrie und Psychotherapie und ist seit 2001 Leitende Oberärztin und stellvertretende Chefärztin der Klinik für Psychiatrie, Psychotherapie und Suchtmedizin im St. Joseph-Krankenhaus, Berlin-Weißensee sowie Mitglied im Kuratorium der Berliner Stadtmission.*

# Ruth Scheffbuch

# Der Ermutiger

„**L**ebst du eigentlich gerne?"", lautete die Frage, die mir der Vater einmal in meinen Jugendjahren gestellt hat. Ich weiß zwar nicht mehr, ob es einen Beweggrund für diese Frage gab, aber ich erinnere mich gut, dass ich damals fröhlich sagen konnte: „Ja, doch, ich lebe sehr gerne!" Bis zum heutigen Tag lebe ich gerne, speziell als Tochter des Rolf Scheffbuch. „Tochter des Rolf" zu sein, ist ein wesentlicher Bestandteil meines Lebens. Wie oft werde ich von völlig fremden Menschen kurz nach meiner Namensnennung intensiv in den Blick genommen und dann gefragt: „Sind Sie eine Tochter vom Rolf?" Nach dem Ja begegnet mir viel Herzlichkeit und immer wieder der Satz: „Ja, wie geht's auch dem Vater?"

Mein Vater wurde 1931 als erstes Kind seiner Eltern geboren und wuchs mit seinen fünf Geschwistern im Stuttgarter Westen auf. Seine fest im Glauben verankerten Eltern waren prägend für ihn, besonders sein Vater, Adolf Scheffbuch, der es als Diplom-Handelslehrer wagte, in schwierigen

*Rolf Scheffbuch (\*1931) mit seinen Kindern*

63

Zeiten gegen den Strom zu schwimmen. Ende 1932 veröffentlichte er in einer amerikanischen Zeitschrift einen Beitrag unter der Überschrift: „Warum ich Hitler ablehne". Dieser Mut kostet ihn und die Familie einiges: Die anstehende Berufung ins Beamtenverhältnis wurde gestoppt, es folgten Strafversetzung und Gehaltsrückstufungen. Die energiegeladene Mutter Maria (eine Schwester von Johannes und Wilhelm Busch) hatte es sich zur Hauptaufgabe gemacht, die fünf Buben und die Tochter auch in wirtschaftlich herausfordernden Jahren mit Liebe und in geistlicher Klarheit zu erziehen. Mein Vater erzählt zum Beispiel vom gemeinsamen, familiären Tagesbeginn: Morgens um viertel vor sieben wurden die Fensterflügel weit geöffnet, dann ertönte aus vielen Kehlen der „Wochenchoral". Danach wurde ein Bibelabschnitt gelesen und gemeinsam gebetet.

Teile dieser Tradition hat mein Vater auch in unsere Familie hinein übernommen. Für ihn war es wichtig, dass jeder, bevor er in die Schule ging, ein Bibelwort hörte. Da wir es aber mit zunehmendem Alter auskosteten, dass wir einen sehr kurzen Schulweg hatten und lange schlafen konnten – Grundschule und Gymnasium waren jeweils nicht mehr als drei Gehminuten entfernt –, fiel der gemeinsame Tagesbeginn manchmal ganz aus. An solchen Tagen konnte es aber passieren, dass einem Papa noch an der Wohnungstüre begegnete und mit einem betete:

*Führe mich, o Herr, und leite*
*meinen Gang nach deinem Wort.*
*Sei und bleibe du auch heute*
*mein Beschützer und mein Hort.*
*Nirgends als bei dir allein*
*kann ich recht bewahret sein.*

Die Bibel selbst hat mir mein Vater schon von Kindesbeinen an lieb gemacht. So durften wir uns abends am Bettrand noch aus der „Bibel in Bildern" mit den Illustrationen von Julius

Schnorr von Carolsfeld eine Szene auswählen. Die Geschichte dazu wurde in der „richtigen" Bibel nachgeschlagen, und dann erzählte unser Vater höchstspannend von dem, was Menschen mit Gott erlebt haben. Seine Art zu erzählen hat uns stark geprägt; meine drei älteren Geschwister und ich wussten: Hier werden uns keine Märchen vorgetragen, hier hören wir vom lebendigen Gott. Für unsere Eltern war aber auch wichtig, dass jeder von uns zum selbstständigen Bibelleser wurde. Zum Schulbeginn bekam ich meine erste Bibel mit der Widmung: „Meiner lieben Ruth-Maria, damit sie dieses Buch lieber gewinnt als alle anderen Bücher! Papa".

Als mein Vater noch Schüler war, besuchte er das traditionsreiche Eberhard-Ludwigs-Gymnasium in Stuttgart. Wie dankbar bin ich, dass er nie verschwieg, dass es selbst bei ihm unrühmliche Zeugnisse gab! Vermutlich war er deshalb auch verständnisvoll, wenn es bei mir in manchen Jahren bei den schulischen Leistungen recht mager aussah. So suchte er in verfahrenen Situationen nach konstruktiven Lösungsmöglichkeiten und stand trotz aller Mühen wie Nachhilfeunterricht oder Schulwechsel zu mir. Ich werde ihm nie vergessen, wie er mit mir zum Rektor der neuen Schule ging, mich dort vorstellte und freundlich mit dem Schulleiter über mich sprach. Dieses Für-mich-Sein hat mich damals extrem zum Neudurchstarten ermutigt. Sein zusätzlicher Motivationsruf: „Jetzt aber ochsen!" war wertvoll und ist unvergessen.

Nach der Schulzeit studierte mein Vater in Bethel, Bonn und Tübingen Theologie. Besonders oft berichtete er später von seinen USA-Stipendien-Semestern in den Jahren 1955/56. Hier bekam er einen Eindruck davon, wie lebendig Gemeinden und Kirchen sein können, hier wurde seine Liebe zu Amerika geweckt, die sich ein Leben lang halten sollte.

Die Reisefreudigkeit meines Vaters erstreckte sich aber nicht nur auf die USA. Seine jahrelange Mitgliedschaft in der Württembergischen Landessynode im Ausschuss „Diakonie, Ökumene und Mission" und im Internationalen Lausanner Komitee für Weltevangelisation brachten es mit sich, dass er viele Länder kennenlernte. Wie stolz war ich auf die Postkarten, die er mir aus Nairobi oder Thailand schickte, wie glücklich machten mich die Reisemitbringsel, egal, ob es kanadischer Kaugummi oder ein nach Sandelholz duftendes Kästlein war!

Meinem Vater war es wichtig, dass auch seine Kinder „einen weiten Horizont" bekamen. Deshalb lud er viele seiner internationalen Freunde zu uns an den Familientisch, damit wir hören konnten, dass es einen lebendigen, in aller Welt erfahrbaren Jesus gibt. Dass die Kommunikation an diesen Besuchstagen ausschließlich auf Englisch lief, machte mich damals nicht immer glücklich. Aber es gab kein Pardon: Wenn ich am unteren Tischende auf Schwäbisch mit meinem großen Bruder tuschelte, gab es einen zurechtweisenden Blick väterlicherseits, der hieß: Aufmerksamkeit wahren und dem Gespräch weiterhin konzentriert lauschen! Damals hat mich die Strenge gewurmt, heute bin ich meinem Vater dankbar, dass er an dieser Stelle so fordernd war. Auf diese Weise wurde nicht nur mein Schulenglisch aufgepäppelt, es wurde auch mein Blick für das geweitet, was in der Weltchristenheit passiert.

*Spaß beim Reisen*

Mein Vater nahm uns aber auch auf viele schöne Reisen mit. Egal, ob es Besuche bei den Verwandten in der DDR waren, Holland-, Mittelmeer- oder Nordafrikafahrten, Touren nach München, London oder

Paris – mit meinem Vater war es immer spannend. Er zeigte uns die Schönheiten und die historische Bedeutung der Orte und wurde nie müde, neue Dinge mit und für uns zu entdecken.

Besonders eindrücklich war für mich eine Israelfreizeit 1982. Vor dem Gartengrab in Jerusalem feierte mein Vater mit der Reisegruppe Abendmahl, und das hatte ich bis dahin noch nie empfangen. Mein Vater teilte das Brot aus und wollte auch mir ein Stück der Mazze geben. Ich schüttelte den Kopf, weil ich mir nicht sicher war, ob man auch unkonfirmiert am Abendmahl teilnehmen darf. Da schaute mich mein Vater lange an und fragte: „Hast du Jesus lieb?" Das konnte ich wohlgemut bejahen, und so bekam ich meinen Teil des Brots. Ich fühlte mich so geehrt, so beglückt, weil ich endlich mit den Menschen, die an Jesu Tod und Auferstehung glauben, mitfeiern durfte!

Wenn ich in alten Tagebüchern lese, staune ich immer, wie viel man in wenigen Tagen erleben konnte, wenn man mit meinem Vater unterwegs war. Das ist vermutlich aber auch der Grund, warum ich bis zum heutigen Tag bei selbständigen Reisen immer den (nicht unbedingt unangenehmen) Druck spüre, möglichst viel Wesentliches von einem Ort gesehen zu haben, weil mein Vater nach der Heimkehr ganz sicher wissen will, was ich erlebt und begriffen habe. Vater unterstützt das Reisen von uns Kindern bis zum heutigen Tag. Wenn ich von Reiseplänen berichtete, kommen immer zwei Fragen: 1. „Brauchst du noch Geld?" und 2. „Brauchst du einen Koffer für die Reise?" In diese beiden Dinge investiert mein Vater gerne und großzügig, auch in Taschengeld für den Kaffee, den man unterwegs braucht, um genügend Energie für alles zu haben, was es zu erleben gilt.

Wenn Vater zu Hause war, war er leidenschaftlich gerne Gemeindepfarrer. Intensiv waren für mich die vierzehn Jahre, in denen er im württembergischen Schorndorf Seelsorger der

Stadtkirchengemeinde war. Für mich war es nie merkwürdig, dass der eigene Vater sonntags auf der Kanzel stand. Im Gegenteil, ich liebte es, wenn er Dienst hatte und auf seine anschauliche Weise predigte. Ich liebte es, wenn er mit seiner volltönenden und schönen Stimme Vorsänger der Gemeinde war und dazu ermutigte, ebenfalls laut in das Lob Gottes mit einzustimmen. Unangenehm war nur, wenn man samstagvormittags mit ihm einkaufen ging. Das Unterwegssein selbst war schön, wenn nur das Grüßen nicht gewesen wäre! Mein Vater ging auf Menschen zu, fragte nach ihrem Wohlergehen und wurde reichlich zurückgegrüßt: „Ach, der Herr Dekan!" Das alles war für mich als schüchterne Tochter immer fürchterlich. Lieber fiel ich drei Schritte zurück oder las aushängende Wurst-Preislisten, als dass ich mich der Gefahr aussetzte, ebenfalls angesprochen zu werden.

Mein Vater ließ in dieser Hinsicht aber nicht locker. Er brachte mir bei, wie wesentlich es ist, beherzt auf Menschen zuzugehen und mit ihnen ins Gespräch zu kommen. „Ruthi, Begegnungen mit Menschen sind wichtig!", war ein Satz, den ich oft hörte. Es war deshalb auch klar, dass jeder von uns Kindern in der Gemeinde mithalf, sei es beim Kaffeeausschenken beim Gemeindenachmittag oder beim Liedblattverteilen für die Weihnachtsgottesdienste. (Oh, ich erinnere mich mit Grausen an den Heiligabend, als plötzlich mein Mathematiklehrer vor mir stand und um ein Liedblatt bat. Vor lauter Schreck fiel mir der ganze Stapel aus den Händen.) Dass ich später auch Kinderkirchhelferin und Jungscharleiterin wurde, geschah dann auf eigenen Wunsch und aus der Freude daran, dass man mit lieben Menschen im Team arbeiten und Kindern von Jesus erzählen konnte.

Tochter eines Pfarrers zu sein wurde so zunehmend etwas Schönes für mich. Leid taten mir jedoch Menschen wie mein Tanzschulpartner, der eines Tages an der Tafel seines Klassenzimmers geschrieben fand: „O. macht mit der Tochter von

Stadtdekan Scheffbuch Abschlussball!" Ich bin dem jungen Mann dankbar, dass er es damals seinen Klassenkameraden nicht übel nahm und mich weiterhin an den Abenden begleitete. Am Abschlussball selbst nahm mein Vater leider nicht teil; das war absehbar, aber schade, denn ich weiß, dass meine Eltern durchaus ein Herz fürs Tanzen haben.

Eine ganz andere Art der Bewegung waren die familiären Sonntagsspaziergänge. Auch wenn man nicht jedes Mal motiviert war, sich den Gängen durch die Natur anzuschließen – es lockte doch die Aussicht, dass der Vater bei den gemeinsamen Schritten aus seinem Leben erzählte. Wie spannend war es, wenn er berichtete, wie er 1945 von amerikanischen Jagdbombern im Tiefflug beschossen wurde und doch bewahrt blieb, oder wie er in den Hungerjahren nach dem Krieg mit einem Pappkoffer voller Tomaten eine steile Stuttgarter Straße hinabfuhr, dabei plötzlich merkte, dass der Rücktritt des Fahrrads blockiert war, er an der entgegenkommenden Zahnradbahn vorbei über die Straße geschleudert wurde und sich doch keinen Knochen brach.

Als ich mit 22 Jahren von zu Hause auszog, um in Stuttgart-Gablenberg als Erzieherin zu arbeiten, freuten sich meine Eltern am gewählten Beruf und der gewonnenen Selbständigkeit mit. Schwieriger wurde es, als ich sechs Jahre später meinem Vater erklärte, dass ich auf eine Bibelschule gehen wollte. Er schrieb mir daraufhin einen langen, liebevollen Brief, in dem er mir den Wert des Erzieherberufs vor Augen stellte und mich fragte, ob es wirklich die richtige Entscheidung sei, in Zeiten zunehmender Arbeitslosigkeit einen guten Posten aufzugeben. Diese Reaktion meines Vaters war für mich damals sehr bitter. Ich konnte nicht verstehen, dass gerade er sich nicht über den Schritt zu einer Ausbildung als Gemeindepädagogin mitfreuen konnte. Es war deshalb gut, dass mir in dieser Lebensphase viele Freunde beratend zur Seite standen. So teuer mir sonst der väterliche Rat war, hier folgte ich meinem Herzenswunsch und ging an das Marburger Bibelseminar. Mein Vater akzeptierte den Entschluss und ließ mich dann auch mit seinem Segen ziehen.

Dass das elterliche Ja ehrlich gemeint war, wurde mir bald bewusst: Drei Tage vor dem Umzug nach Marburg brach ich mir auf dem Weg zum Sonntagsgottesdienst den Fuß. Ich höre noch den Arzt, der mir nach dem Eingipsen sagte: „Das soll jetzt nicht hämisch klingen, Frau Scheffbuch, aber ich wünsche ihnen wirklich irgendwie einen guten Umzug!" Aber wie sollte das gehen? Ich hatte zwar Freunde als Helfer angefragt, aber es waren nicht viele; die meisten waren in den Sommerwochen verreist. Da erschienen plötzlich meine Eltern vor der Wohnungstür, den Jetlag einer Kanadareise noch in den Knochen, und begannen ohne großes Fragen mit dem Putzen der alten Wohnung. Ich sehe noch meinen Vater, wie er die Kellerfenster zum Glänzen brachte. Bei der Wohnungsübergabe meinte der Vermieter nur: „So sauber habe ich schon lange keine Wohnung mehr zurückbekommen!"

Die Treue meines Vaters ist aber auch in vielen anderen Dingen zu erkennen, speziell aber in seinen wöchentlich an seine Kinder geschriebenen Briefen, Faxen und Mails, in denen er gerne von interessanten Begegnungen und Diensten erzählt. Ich staune über die Kraft und die Freude, mit der mein inzwischen achtzigjähriger Vater nach wie vor Menschen begleitet und zum Vertrauen auf Jesus einlädt.

2001 musste mein Vater mit einer schweren Diagnose ins Krankenhaus. Ich sehe mich noch in sein Zimmer gehen, die ausliegende Broschüre in die Hand nehmen und begreifen: Vater hat tatsächlich Krebs. Der Schreck fuhr tief in mich hinein: Jetzt kann es passieren, dass dir der Vater genommen wird!

Wir Kindern waren zu dieser Zeit schon längst erwachsen; trotzdem war der Gedanke schrecklich, dass die Tage des Lebenteilens überschaubar geworden waren.

In die Trauer und Sorge hinein bat mich mein von der Operation schwacher Vater: „Lies mir doch ein Hiller-Lied vor!" Die Sammlung der Lieder, die Philipp Friedrich Hiller zur Anbetung und zum Lob Gottes geschrieben hat, war in der väterlichen Familie schon immer ein großer Schatz. Bei Familienfesten hat es mich immer tief beeindruckt, wenn Vater und seine Geschwister Hiller-Lieder auswendig und laut sangen:

*Es jammere, wer nicht glaubt! Ich will mich stillen;*
*es fällt kein Haar vom Haupt ohn' Gottes Willen.*
*In Jesus hab ich hier das beste Leben;*
*und sterb ich, wird er mir ein bessers geben!*

So schwer es mir damals fiel, die Hiller-Verse zu lesen, so sehr merkte ich doch, dass das greift, was hier gesagt und besungen wird. So wurde ich als Tröstenwollende am Krankenbett selbst getröstet und ermutigt.

Für mich ist es ein Wunder, dass ich meinen Vater nach dieser schweren Krankheitszeit noch einmal geschenkt bekommen habe. Ich freue mich über jeden gemeinsamen Tag, den wir noch erleben können, über jedes Gespräch am Telefon und auf dem elterlichen Sofa.

*Ruth-Maria Scheffbuch, Jahrgang 1968, arbeitete zunächst in Ulm und Stuttgart als Erzieherin, danach als Bezirksjugendreferentin beim Württembergischen Brüderbund. Seit 2008 lebt sie in Berlin und leitet dort die offene Kinder- und Jugendarbeit „Jonas Haus".*

# Lisa Dahlmann

# Die Stimmungskanone

Vor mir steht ein Foto mit drei strahlenden jungen Damen. Es zeigt meine zwei Schwestern und mich. In die Kamera lächeln, das haben wir gelernt, genau so haben wir's gelernt! Wie lautete Papas Spruch in solchen Situationen? „Mädels, Zähne zeigen, Brust raus, Arsch rein, los geht's!" Ein Animateur durch und durch, das war mein Vater. Nicht nur bei der legendären Gestaltung unserer Kindergeburtstage oder als Programmmacher bei vielen Festlichkeiten. Immer eine kreative Idee, immer ein Lächeln auf den Lippen, immer ein Spruch auf der Zunge. Papa, unsere Stimmungskanone!

In vielen Dingen ist er mir zum Vorbild geworden, und einige Eigenschaften, die ich von ihm übernommen habe und von denen ich in meinem Leben profitiere, sitzen tief in mir. Aus kleinen Dingen lustige, verrückte Highlights zu machen, kreativ mit simplen Sachen extravagante Aktionen starten, die Stimmung prägen und Atmosphäre schaffen – wie

oft konnte ich das in meiner Arbeit mit Kindern und Jugendlichen nutzen, auch bei den zahlreichen Veranstaltungen, in denen ich durch eine kreative Verpackung das Evangelium innovativ an den Mann und an die Frau gebracht habe. Ich staune selbst und bin meinem Papa ganz schön dankbar.

Er war immer da, wenn irgendwo ein Retter gebraucht wurde. Er hat uns Kinder immer ermutigt und uns viel Liebe gegeben. Er war der Super-Papa.

Doch irgendwann im Leben beginnt man die Dinge anders zu sehen, reflektierter und objektiver. Als ich so weit war, dass ich merkte, in welchen Mustern und Abhängigkeitsstrukturen ich aufgewachsen bin und zum Teil heute noch lebe, wurde mir ganz anders ...

Wo komme ich her, wo gehe ich hin? Wie wurde ich zu der Frau, die ich heute bin? Mit diesen Fragen habe ich mich in den letzten Jahren oft beschäftigt. Heute bin ich Mitte dreißig und stehe mit den gewonnenen Erkenntnissen vor meiner Vergangenheit, vor Gott, vor mir selbst und bin gespannt, was aus mir noch wird. Ich komme aus einer Familie, in der ich viel Liebe bekam und bekomme und mit der ich viele gute Erlebnisse teile. Und dennoch sind da so viele Narben, ungesunde Beziehungen und kranke Verhaltensweisen. Ich mag oft gar nicht darüber nachdenken, wie es anderen gehen mag, die noch mehr oder noch schlimmere Dinge erlebt haben. Aber was heißt „schlimm"? Schlimm ist, wenn man durch Erlebnisse aus der Vergangenheit daran gehindert wird, ein eigenständiger Mensch zu sein und das Leben nicht genießen (und manchmal gar nicht leben) kann.

Ich fand das Leben immer einfach nur anstrengend. Ich wollte in den Himmel. Bekam ich Kopfschmerzen, hoffte ich auf einen Tumor. War die Kurve, die ich mit dem Auto fuhr, zu eng, sah ich locker darüber hinweg, weil ich mich dem Himmel schon ein Stück näher fühlte. Wenn andere erzählten, was sie noch alles erleben wollten, freute ich mich nur auf das Danach.

Obwohl ich ein nach außen sehr schönes Leben führte, mit viel Fröhlichkeit, tollen Freunden, zahlreichen Aktivitäten, Aufgaben, Urlauben und genügend Geld, konnte ich nichts richtig genießen. Dazu kam die Enttäuschung darüber, dass ich noch keinen Freund hatte und deshalb immer dachte, ich sei nicht attraktiv, nicht klug, nicht witzig oder gebildet genug für einen Mann. So habe ich viele aussichtsreiche Männer-Bekanntschaften ignoriert, und die Erkenntnis, auch diesen Teil meines Lebens nicht hinzubekommen, bedrückte mich noch mehr.

Durch viele Seminare, Reflexionen und eine neue Auseinandersetzung mit dem Glauben, wurde mir schließlich deutlich, was mein Problem war – oder ist.

Ich war acht Jahre alt, als meine Mutter nach meiner zwei Jahre jüngeren Schwester und mir ein drittes Kind bekam. Sie hatte in der Vergangenheit viele Schicksalsschläge erlebt: früh ihren Vater verloren, eine Abtreibung durchgeführt und Magersucht bekommen. Nachdem dann endlich ihr ersehntes drittes Kind geboren war, bekam unsere Mutter Depressionen, und die Last ihrer Vergangenheit legte sich auf ihr Leben. Sie konnte das Baby nicht anfassen, nicht wickeln, und sie bekam ständig neue Ängste. Wir verloren damals unsere Mutter. Übrig blieb eine traurige, ängstliche, unsichere Frau, die ihr Leben nicht bewältigte. Doch je schwächer unsere Mutter wurde, umso stärker wurde unser Vater. Er wurde der tolle, attraktive, extrovertierte, erfolgreiche Mann, der mein Männerbild geprägt hat.

Papa ging mit uns zum ersten Frauenarzt-Besuch, kümmerte sich um unsere Zahnspange, beriet uns in Sachen Kleidung, fuhr mit uns in den Urlaub, gestaltete für uns großartige Ferien, bespaßte alle unsere Freunde. Nebenbei baute er eine Firma auf, hatte viele Ämter in der Kommunalgemeinde und in der Partei – und ersetzte unsere Mutter. Klappte etwas dennoch nicht, war unsere Oma zur Stelle. Meine Mutter wurde nie wieder zu der Frau, die sie eigentlich hätte sein sollen und wollen. Bis heute habe ich noch nie ein Geschenk oder einen Anruf von ihr erhalten.

Mit 16 Jahren gab es den ersten Mann in meinem Leben, der mein Interesse weckte. Bis heute folgten verschiedene andere Begegnungen mit Männern, doch es entstand nie eine feste Beziehung. Spätestens an dem Punkt, an dem ich einen Mann mit meinem „tollen, starken, attraktiven, extrovertierten, lustigen, engagierten Papa" verglich und womöglich von meinem vermeintlich tollen Freund Sätze hörte wie „Wahnsinn, was du alles kannst, wen du alles kennst, wie du aussiehst ...", wurde dieser in meinen Augen schwach, so dass ich den Kontakt abbrach. Im Laufe der Jahre hatte ich mich als älteste und meinem Vater sehr ähnliche Tochter mit meinem Vater unmerklich verbündet und eine innere Abwehrhaltung gegen Schwäche aufgebaut. Interessanterweise prägte sich gleichzeitig eine Offenheit schwachen Frauen gegenüber aus, und ich führte immer mehr beratende Gespräche mit psychisch kranken Frauen und Teens. Nur Männer mussten in meinen Augen stark sein.

Im Zuge der bereits erwähnten Seminare ging ich schließlich der Frage auf den Grund, warum ich keinen Mann toll finden und auch in seinen Schwächen akzeptieren kann und warum ich manchmal sogar meinen ja nicht mehr ganz jungen Papa attraktiver fand als den gerade aktuellen Mann an meiner Seite. Und mir wurde klar: Ich war ein Leben lang von meinem Vater als Ersatzfrau missbraucht worden.

Statt meiner Mutter wurde ich zu Rate gezogen. Ich sollte Entscheidungen treffen. Ich sollte Mama zeigen, wie man sich vernünftig anzieht und schminkt. Ich bekam ständig

Komplimente von Papa. Ich sollte lieber Auto fahren oder kochen, als es Mama machen zu lassen.

Mir fiel es wie Schuppen von den Augen, und Ekel überkam mich, als ich erkannte, was jahrelang mit mir gemacht worden war. Ich durfte nie Kind, Teenie, Tochter sein, weil unser Familienmuster das nicht hergab. „Emotionaler Missbrauch" war mir bis dahin kein Begriff gewesen. Aber ich erkannte nun als erwachsene Frau, dass ich emotional missbraucht worden war und dass meine Sehnsucht, einfach Kind sein zu dürfen, nicht gehört worden war. In meinem Leben hatte ein verhängnisvoller Rollentausch stattgefunden. Ich war als Ersatzfrau aufgewachsen.

In einem Seminar wurde ich gefragt, ob ich bereit sei, die Rolle der Ersatzfrau abzugeben und mir von Gott eine neue Rolle geben zu lassen. Ich wollte! Ich ging zu einem Mitarbeiter des Seminars, der mich stellvertretend für meinen Vater aus dieser Rolle entließ. Seit diesem Moment erlebe ich eine Befreiung und Emanzipation von meinen Eltern. Gott hat mein Gebet ernst genommen. Ich werde zu einer eigenständigen Frau. Es ist ein harter Prozess, und es bedrückt mich zu sehen, dass viele Männer inzwischen vergeben und verheiratet sind. Manchmal bin ich sauer, dass mein Vater mir mein Frausein gestohlen hat. Aber viele familiäre Verhaltensmuster laufen unbewusst, und auch mein Vater ist ein Kind seiner Eltern und wurde in seinem Verhalten geprägt.

Wenn ich hier und heute meinen Vater sehe und auf das Foto mit meinen Schwestern schaue, sehe ich die positiven Eigenschaften meines Vater und das, was ich von ihm an Gutem bekommen habe. Ich bin nicht mehr die Frau von früher, ich bin stabiler geworden, habe eine neue Identität gefunden. Das alles begann mit einem Gebet, und seither folgten viele Gebete, Seminare und Aufarbeitungsprozesse. Durch all das ist in meiner Herkunftsfamilie das Kartenhaus zum Einstürzen gekommen. Ich habe Heilung und Ablösung erlebt. Wenn man bei sich selbst beginnt, etwas zu verändern, dann spürt es das Umfeld. Was bei mir heil geworden ist, das wirkt sich auch auf die Beziehung zu meinen Eltern und insbesondere zu meinem Vater aus. Wenn ich heute sehe, wie mein Vater die Nachbarskinder bespaßt, mit ihnen Rehe beobachtet oder für sie Fußballtore baut, dann freue ich mich darauf, irgendwann meine eigenen Kinder einem fröhlichen, kreativen, begabten, powervollen und zutiefst liebevollen Mann anvertrauen zu können, der sicher der beste Opa der Welt sein wird. Und nachdem unsere Mutter nach Jahren der Seelsorge, Therapie und Heilung ein Mensch geworden ist, der gerade stehen kann, nehme ich meine Eltern wieder als Ehepaar wahr. Ich werde meine eigene Familie gründen und aufbauen – some day!

*Die Verfasserin des Artikels möchte anonym bleiben, der Name der Autorin wurde deshalb geändert. Briefe und E-Mails werden gerne weitergeleitet.*

## Regina Claas

# Der Weltreisende

Mein Vater wurde 1928 als Sohn einer Fabrikanten-
tochter und eines Werkzeugmachers in einem kleinen
westfälischen Dorf geboren. Seine Eltern gehörten zur Bap-
tistengemeinde, zu der sich in diesem Dorf damals ein großer
Teil der Bevölkerung hielt. Es war sozusagen ein baptisti-
sches Dorf, und das rege Gemeindeleben bestimmte den Alltag. Obwohl mein Vater ein Einzelkind blieb, wuchs er inmitten einer großen Schar von Cousins und Cousinen auf,
die einige Flausen im Kopf hatten. Die jugendliche Lebenslust und den Sinn für Gemeinschaft hat mein Vater sich immer bewahrt.

Es war keine leichte Zeit, in die mein Vater hineingeboren
wurde. Mein Großvater, den ich als schweigsamen, zurück-
gezogenen, nachdenkli-
chen Mann in Erinnerung
habe, war gezeichnet
vom Ersten und Zweiten
Weltkrieg. Er redete nicht
über seine Erfahrungen
als Soldat. Doch wenn
er Geschichten erzählte
über die weiten Wälder
Russlands und von Schlit-
tenfahrten bei Wolfsge-
heul, dann bekamen wir
Kinder große Augen und

*Gerhard Claas (1928–88) mit Regina*

kuschelten uns in schaurig-schönem Angstgefühl dichter aneinander. Meine Großmutter behütete ihr einziges Kind wie ihren Augapfel und stand sicher bei all dem jugendlichen Ungestüm tausend Ängste aus, doch auch sie konnte meinen Vater nicht davor bewahren, mit fünfzehn Jahren als Flakhelfer eingezogen zu werden. Der Einsatz dauerte Gott sei Dank nicht lange. Mein Vater wurde am Knie verletzt und kam ins Lazarett in der Nähe seines Heimatortes. Seine Extra-Rationen, gegen zusätzliche Nahrungsmittel eingetauscht, halfen meinem magenkranken Großvater zu überleben.

Nach dem Krieg konnte mein Vater seine Schulbildung abschließen, anschließend wollte er sich auf einen kaufmännischen Beruf vorbereiten. Doch dann hatte er ein besonderes, außergewöhnliches Erlebnis, das seinem beruflichen Werdegang jäh eine andere Richtung gab. Ich habe erst viel später und eher zufällig davon erfahren – mein Vater hängte dieses Erlebnis nie an die große Glocke. Als er vor der Entscheidung stand, welche Ausbildung er beginnen sollte, sprach ihn eines Tages ein wildfremder Mann in einer christlichen Ferienpension an. Er sagte ihm „im Namen Gottes", er solle Pastor werden. Mein Vater war Christ und hielt es durchaus für möglich, dass Gott durch Menschen zu uns sprechen kann, obwohl diese Botschaft für ihn natürlich sehr überraschend kam. Nach gründlicher Prüfung entschied er sich dann tatsächlich zu einem Theologiestudium und zum Beruf des Pastors. Diese Berufung füllte ihn Zeit seines Lebens völlig aus und wurde auf vielfältige Weise bestätigt.

Mit meinen Eltern und den beiden Geschwistern erlebte ich eine sehr glückliche Kindheit. Wir lebten in dem, was wir „Segensspuren" nannten: Schon über vier Generationen beteten die Eltern und Großeltern für die Kinder und Enkelkinder. Ein kostbares Gut, das mein Leben geprägt hat.

*Familie Claas (1960)*

Ich bin gern in einem Pastorenhaushalt groß geworden. Die Predigten meines Vaters fesselten mich immer wieder. Er war ein guter Geschichtenerzähler, und auch in seinen Predigten erzählte er oft Geschichten von Menschen, die mit Gott lebten. Ich konnte schon als Kind verstehen, was er sagen wollte, weil er komplizierte Zusammenhänge so anschaulich darzustellen vermochte, dass sie für jeden verständlich waren und dennoch nichts von ihrer Tiefe und ihrem Anspruch verloren. Auch heute noch werde ich immer wieder von Menschen angesprochen, die durch eine Predigt meines Vaters oder ein Gespräch mit ihm in ihrem Leben entscheidend beeinflusst wurden und Hilfe erfuhren.

Für mich stand nie in Zweifel, dass ich von Gott geliebt bin und dass mein Leben ihm gehören soll. Als ich aber eine bewusste Entscheidung getroffen hatte und diese Zugehörigkeit, wie es bei den Baptisten üblich ist, auch mit der Taufe besiegeln wollte, da schaffte ich es nicht über die Schwelle des Arbeitszimmers meines Vaters. Viele Male stand ich vor der verschlossenen Tür und wollte klopfen, nur um die Hand verzagt wieder sinken zu lassen. Was mich abhielt, weiß ich bis heute nicht. Ich weiß inzwischen nur, dass es vielen Kindern von Pastoren so geht. „Zum Glück" wechselte mein Vater bald in einen überregionalen Dienst. Wir zogen an einen anderen Ort, und damit bekam ich einen Gemeindepastor, der nicht mein Vater war. Das kam mir sehr gelegen, und ich meldete mich gleich nach dem Umzug zur Taufe. Dennoch war ich dann überglücklich, dass dieser Pastor meinen Vater einlud, an mir die Taufhandlung zu vollziehen. Und auch meinen Vater machte es glücklich!

Unser Vater war sehr viel unterwegs, doch wir litten nicht darunter, denn wenn er da war, verbrachte er mit uns wichtige, fröhliche, ausgelassene und persönliche Zeiten, die man heute wohl „quality time" nennen würde und die die langen Abwesenheiten längst aufwogen. Unsere Freunde beneideten uns um diese besonderen Zeiten und waren immer gerne dabei – Autowaschen am Bach und anschließend Würstchen grillen am offenen Feuer (damals ging das alles noch!), Beeren sammeln und anschließend ein Picknick im Wald oder auf der Wiese, Moorwanderungen in der ersten Dämmerung am Ostermontag ... In unserer Hamburger Zeit kam es vor, dass mein Vater morgens früh mit blitzenden Augen und einem verschmitzten Lächeln verkündete: „Ich glaube, heute ist Ostseewetter!" Dann war der Jubel groß, in Windeseile hatten wir die Badesachen und ein Picknick gepackt, und los ging's zu einem herrlichen Ausflug!

An all diese Familienzeiten habe ich reiche Erinnerungen. Mein Vater liebte seine Familie und konnte sich in ihr gut von den Anstrengungen seines Dienstes erholen. Wir profitierten davon. Wenn er von seinen Reisen kam, brachte er uns meistens etwas mit – wir wurden als Kinder alle gleich behandelt, allerdings mit dem feinen Unterschied, dass der

*Vater und Tochter – bald auch
beruflich auf Augenhöhe*

Junge manchmal etwas bekam, das ein wenig anders war als das Mitbringsel für uns Mädchen. Mein Vater brachte auch Rezepte von seinen Gastgebern in aller Welt mit, die unsere Mutter dann nachzukochen versuchte. So kamen wir in den vorzüglichen Genuss der ersten echten amerikanischen Hamburger, lange bevor es McDonald's gab.

Unser Vater lachte gern und ansteckend – das hatte er von seiner Mutter. Er war sehr gesellig, schlagfertig, und er erzählte gern und fesselnd von seinen Abenteuern in aller Welt. In Sitzungspausen oder bei Festen hörte man von seinem Tisch oft schallendes Gelächter. Fröhliche Feste zu feiern gehörte zu seinem Leben; diese Feste waren Ausdruck seiner Lebensfreude und seiner Freude an Gott.

Mein Vater war ein Genießer. Er konnte sich an allem freuen, an Kleinigkeiten, an Besonderheiten, an der Natur und an Landschaften. Besonders aber freute es ihn, wenn er anderen eine Freude machen konnte. Er war äußerst gastfrei, großzügig, spendabel und hilfsbereit – immer für andere. Im Blick auf die eigenen Bedürfnisse war er eher genügsam und bescheiden.

Diese Bescheidenheit drückte sich auch im Umgang mit den unterschiedlichsten Menschen aus, mit denen er zu tun hatte. Besonders imponierte mir dabei, dass er auch in den späteren Jahren, als er eine wichtige Position innehatte und mit vielen berühmten Leuten umging, nie einen Unterschied in der Person machte. Er ließ sich nicht vom Ansehen anderer beeindrucken und war nicht stolz auf die Ehren, die ihm zuteil wurden. Er blieb bescheiden und einfach er selbst, den Menschen zugewandt.

Es ging meinem Vater immer darum, Jesus Christus als den gekreuzigten und auferstandenen Herrn zu verkündigen. Dies tat er mit leidenschaftlichem Engagement und immer mit dem Blick für den einzelnen Menschen. Seine Mitarbeit in der baptistischen Freikirche und seine ausgeprägte Leitungsbegabung führten ihn früh in internationale Beziehungen hinein. So gehörte er zu der ökumenischen Delegation, die bald nach dem Krieg auf Einladung der Briten zu einer Begegnung nach England reiste, um eine Brücke der Versöhnung zu schlagen. Meine Mutter war durch ihre Familie bereits an internationale Beziehungen gewöhnt. Diese Weltoffenheit in meinem Elternhaus prägte mein eigenes Leben, gepaart mit einem überzeugten Eintreten für Gerechtigkeit, Versöhnung und Frieden. Die von den Baptisten besonders geschätzten Werte der Religions- und Gewissensfreiheit sowie der Einsatz für Menschenrechte waren in unserem Haus sehr wichtig.

Unvergesslich sind mir Szenen, wenn mein Vater mit seiner Schwiegermutter theologische Gespräche führte, Predigten diskutierte, Artikel redigierte und einen regen Austausch über internationale baptistische Angelegenheiten führte. Ich liebte es als Jugendliche, dabei zu sitzen und die Ohren aufzusperren. Der gegenseitige Respekt, die Wertschätzung und die kreative Spannung zwischen den beiden in ihre Arbeit vertieften Personen elektrisierten mich.

Als ich im Alter von 31 Jahren selbst in einen kirchlichen Dienst berufen wurde, konnte es mein Vater einrichten, am

Einführungsgottesdienst teilzunehmen. Zu dem Zeitpunkt war er Generalsekretär des Weltbundes der Baptisten, und meine Eltern lebten in einem Vorort von Washington, D.C. Ich nahm es sehr bewusst und glücklich wahr, dass ich von meinem Vater unter Handauflegung für meinen Dienst gesegnet wurde. Das war – nach meiner Taufe – die zweite öffentliche Segenshandlung, die ich bewusst von ihm empfing (an meine Kindersegnung als Säugling erinnere ich mich natürlich nicht). Als ich im Jahr 2001, dreizehn Jahre nach seinem Tod, dann selbst zur Pastorin ordiniert wurde, vermisste ich seinen Segen schmerzlich.

Meinem Vater gelang es, auch in den Jahren seiner Weltreisen engen Kontakt zur Familie zu halten. Das bedeutete allerdings auch, dass meine Geschwister ihre Verlobungs- und Hochzeitstermine seinem Terminkalender anpassen mussten.

Für mich war es ein besonderes Erlebnis, als mein Vater und ich uns zum ersten Mal im Auftrag desselben Kirchenbundes auf einem dritten Kontinent trafen – er kam aus den USA, ich aus Deutschland, und wir hatten beide in Nicaragua zu tun. Das war ein Schlüsselerlebnis, als erwachsene Tochter dem Vater beruflich auf Augenhöhe zu begegnen und dennoch nichts einzubüßen von dem besonderen Vertrauensverhältnis zwischen uns als Vater und Kind.

Am 21. März 1988 verunglückte mein Vater bei einer Dienstreise in Kaliforniern tödlich. Menschen aus aller Welt nahmen Anteil an seinem plötzlichen, frühen Tod. Als ich die Todesnachricht bekam, fühlte ich mich auf besondere Weise vorbereitet und von Gott gehalten. Das half mir, die schreckliche Nachricht überhaupt aufzunehmen. Keinen einzigen Moment habe ich mit Gott gehadert, nie nach dem Warum gefragt. Tief im Innern wusste ich, dass es „ok" war, so wie es war. Natürlich habe ich ihn schrecklich vermisst. Und als alle Vorbereitungen zur Beerdigung in seinem Heimatdorf getroffen waren, als die große Trauergemeinde begrüßt und wieder verabschiedet war, als ich meine Mutter in guten Händen wusste und ich nichts mehr tun musste, da brach bei mir der Damm. Ich konnte den Sturzbach nicht mehr aufhalten und trauerte intensiv um ihn. Aber die Dankbarkeit für alles, was ich von meinem Vater und durch meinen Vater geschenkt bekommen habe, stand immer im Vordergrund. Ich weiß mich gesegnet durch ihn, und ich habe in meiner beruflichen Aufgabe ein Erbe angetreten, das mir durch das Vorbild meines Vaters leicht wird.

Heute wünsche ich mir manchmal sehr, dass ich meinen Vater wegen der einen oder anderen Sache fragen, seine Einschätzung einholen oder seine Meinung hören könnte. Er fehlt mir als Gesprächspartner. Aber das ist keine offene Wunde, sondern eher eine Sehnsucht. Denn ich weiß, eines Tages werden wir uns wiedersehen.

*Pastorin Regina Claas, Jahrgang 1955, ist Generalsekretärin des Bundes Evangelisch-Freikirchlicher Gemeinden in Deutschland. Zuvor arbeitete sie für die Europäische Baptistische Mission in Pretoria/Südafrika und war Associate Youth Director der Baptist World Alliance in Virginia/USA.*

# Margitta Rosenbaum

# Der Mutmacher

Wenn ich meinen Vater doch noch mal sprechen könn-te! Heute wüsste ich, was ich ihn gern alles fragen würde. Inzwischen habe ich mich viel mit der Geschichte meiner Familie und Heimat beschäftigt. Wie gerne wüsste ich manche Zusammenhänge.

Als er sich von uns verabschiedete, lag er seit sechs Wochen im Bett eines Krankenhauses und erkannte uns manchmal, und manchmal nicht. Es war eine harte Leidensstrecke, und doch bin ich froh, dass ich meinen Vater auf diesem Weg des Abschieds begleiten durfte. Wie seltsam war es, wenn von Zeit zu Zeit Worte mühsam über seine Lippen kamen, die wir kaum verstehen konnten. Körper und Geist waren müde. Oft gingen seine Gedanken durcheinander, wirre Worte gaben uns Rätsel auf. Dann standen wir mit dem Pfarrer an sei-nem Bett. Mein Vater erkannte den Pfarrer nicht, doch er faltete die schwachen Hände und wurde still, als wir das Vaterunser beteten. Ein-

*Ewald Körner (1924–2008)*

mal, als ich an seinem Bett saß, sprach er die letzten Worte, die mir persönlich galten. „Es ist gut, Margitta", sagte er kaum hörbar.

Was für ein Abschied. Während ich viele Frauen kenne, die um die Anerkennung ihres Vaters gerungen haben, wusste ich mich immer angenommen. Und zu diesem Schatz gehört nun auch die Erinnerung an seinen letzten Satz.

Ich bin meinen Eltern für die Geborgenheit meiner Kindertage dankbar. Ende der fünfziger Jahre wurde ich in Werda, einem kleinen Dorf im Vogtland, geboren. Garten, Kleintiere, Kirchgemeinde, Nachbarn, diese Dinge machen meine frühesten Erinnerungen aus. Und überall war mein Vater dabei.

Zu meinen ersten Erinnerungen gehören die Feste, die in unserer Wohnung gefeiert wurden. Wohnung ist eigentlich nicht das richtige Wort, denn wir lebten damals im Grunde in einem Zimmer, das zugleich Wohnzimmer und Küche war; geschlafen wurde in einer Bodenkammer. In diesem Zimmer stand auch die Nähmaschine meiner Mutter, mit der sie durch Heimarbeit dazuverdiente. Und am Freitag kam auch noch die Badewanne dazu. Aber das alles war kein Grund, hier keine Feste zu feiern. Wenn der Posaunenchor feierte, kam das Sofa in den Flur, und alle verfügbaren Stühle wurden zusammengetragen. Und dann gab es ein Fest! Nicht die großartigen Speisen waren wichtig, sondern die fröhliche Gemeinschaft. Mein Vater war ein wunderbarer Sänger, bis seine Tenorstimme nach einer Operation verloren ging. Weil es mit dem Singen danach nicht mehr klappte, wechselte er in den Posaunenchor und lernte als Erwachsener noch ein Instrument.

Ich war immer die Kleine, die alles beobachtete. Außer mir gab es noch drei große Jungs in unserem Haus, meinen Bruder und zwei Cousins.

Mein Vater war kein Mann von frommen Worten. Aber er war ein Mann, der an seinem Glauben auch unter den Bedingungen des Lebens in der DDR festhielt. Nur langsam begriff ich, wie schwierig das für ihn sein musste. Vater hatte noch sechs Geschwister; die meisten von ihnen waren Parteimitglieder und überzeugt vom Sozialismus. Oft versuchten seine Brüder ihn zu überreden, doch lieber eine Laufbahn mit Parteiabzeichen einzuschlagen. Doch er hatte seine festgefügte Meinung. Er wollte nie wieder eine Waffe anfassen, und er wollte seiner Kirche treu bleiben. Dabei blieb er. Und mit dieser Haltung wurde er mir von klein auf ein Vorbild.

Nach seinem Tod fanden wir ein altes Tagebuch, das bruchstückhaft von seinen Erfahrungen im Arbeitsdienst und im Krieg erzählt. Als 18-Jähriger wurde er zum Arbeitsdienst eingezogen und gleich nach Polen und Russland geschickt. Kurze Notizen erzählen von harter Arbeit, Schlamm, Mückenplage und Hunger. Mein Vater schreibt von verschimmeltem Brot und einer Suppe, die vorwiegend aus Wasser bestand. Die Aufgabe: Bunker bauen, Straßen befestigen, Gräben ausheben und das alles immer nur wenige Kilometer von der, wie er schreibt, HKL entfernt, der Hauptkampflinie. Ein Jahr lang gab es keinen Heimaturlaub. Der Übergang vom Arbeitsdienst ins Heer vollzog sich nahtlos. Dort war es noch schlimmer. Den 20. Geburtstag beging er in eisiger Kälte und wieder ohne etwas zu essen, fern der Heimat, den Tod vor Augen. Mehrmals wurde er verwundet. Granatsplitter schränkten seine Beweglichkeit für den Rest seines Lebens leicht ein. Zuletzt kämpfte er in Holland und geriet in amerikanische Kriegsgefangenschaft. Nur unter großen Gefahren gelang es ihm, nach Hause zu kommen, in die russische Besatzungszone. Danach hatte er nie wieder das Bedürfnis zu reisen. „Ich habe genug von der Welt gesehen", pflegte er zu sagen.

Die traumatischen Erlebnisse hinterließen ihre Spuren. Als ich in die Grundschule ging, holten meinen Vater die Depressionen ein. Damals gab es kaum Therapien, und er wurde mit starken Medikamenten behandelt. Nun war mein Vater nicht mehr immer fröhlich. Ich erinnere mich an die Besuche des alten, sehr dicken Landarztes, der meinen Vater untersuchte und mich, das kleine quirlige Mädchen, zur Räson brachte. Ich musste oft still sein, weil es meinem Vater nicht gut ging.

Dennoch staune ich im Rückblick, wie tapfer er diese Krankheit getragen hat. Wenn ich heute die Tagebuchnotizen von der Front lese, dann kann ich mir ein wenig vorstellen, welche schrecklichen Bilder sich in seine Erinnerungen eingegraben hatten. Kein Wunder, dass er nachts oft nicht schlafen konnte. Dennoch ließ er sich nie länger krankschreiben, als unbedingt nötig war. Heute weiß ich viel mehr über diese Krankheit. Umso mehr schätze ich es, dass er trotz allem für uns gut gesorgt hat. Natürlich hätte ich mir als Kind oft einen Vater gewünscht, der öfter mit uns Kindern tobt und spielt. Doch in unserer winzigen Wohnung war meist Ruhe angesagt. Zum Spielen ging ich nach draußen zu meinen Freunden.

Dennoch sind mir viele positive Eindrücke von meinem Vater geblieben. Schon früh nahm er mich zum Orgelkonzert in die Kirche mit. Das Stillsitzen fiel mir schwer, aber die Liebe zu dieser

*Margitta und ihr Vater (1960)*

Musik wurde dennoch in mir geweckt. Wenn sie ihre majestätischen Klänge entfaltet, beeindruckt mich die Königin der Instrumente auch heute noch. Manchmal fühle ich mich dann noch einmal wie das kleine Mädchen an der Seite seines Vaters. Ich nehme die Töne in mich auf und spüre ihnen nach. Sie wecken Bilder, Erinnerungen und Gefühle.

Eine andere positive Prägung lag in der Art und Weise, wie mein Vater – aber auch meine Mutter – mir mit nur wenigen Worten den Weg wiesen. Schon früh ermunterten sie mich, eigene Entscheidungen zu treffen. Manchmal hätte ich mir gewünscht, sie hätten mir einfach gesagt, was ich tun soll. Besonders als es um die Berufswahl ging, hörte ich immer wieder den Satz: „Das musst du selbst entscheiden." Obwohl ich selbst eine Antwort finden musste, fühlte ich mich aber nicht allein gelassen, weil meine Eltern mich stets ermutigten, etwas zu wagen. Besonders deutlich wird mir das, wenn ich an meine Einschulung denke. Mir war flau im Magen, und ich wäre lieber zu Hause geblieben. Angst vor dem neuen Lebensabschnitt beschlich mich. Doch meine Eltern ließen nie einen Zweifel daran aufkommen, dass ich das schaffen würde. Im Gegenteil: „Was man wirklich will, das schafft man auch!" So lebten meine Eltern, und so wurde ich ins Leben geschickt. Vielleicht hätte ich manchen Fehler nicht gemacht, wenn meine Eltern mir auch gesagt hätten, dass man Pausen braucht und nicht alles erreichen kann. Aber dennoch: Sie haben mich mit viel Mut ausgestattet und mir geholfen, Dinge anzupacken. Ohne diese Grundhaltung wäre ich sicher nicht die Person geworden, die ich heute bin. Nicht nur in diesem Punkt, auch in anderen Dingen erschienen mir meine Eltern immer als Einheit. Ich kann mich zwar entsinnen, dass es manchmal „dicke Luft" gab. Aber mir ist keine Szene in Erinnerung, wo sie sich gestritten oder gegenseitig verletzt hätten. Sie standen immer zueinander.

Noch einen zweiten wichtigen Impuls gab mir mein Vater bei meiner Einschulung: „Es gibt im Leben mehr, als dir die Lehrer erzählen." Und dann zitierte er Shakespeare: „Es gibt mehr Dinge zwischen Himmel und Erde, als eure Schulweisheit sich träumt." Damals wusste ich natürlich nicht, dass es sich um das Zitat eines Klassikers handelte, und auch die Zusammenhänge, die mein Vater bei diesem Satz im Kopf hatte, konnte ich als Siebenjährige nicht ahnen. Dennoch blieb dieser Satz bei mir hängen, und ich wusste, dass ich mich nicht mit fertigen Antworten zufrieden geben sollte. Die Schule wollte uns zu sozialistischen Persönlichkeiten erziehen. Der kluge Satz meines Vaters wollte mir kein grundsätzliches Misstrauen den Lehrern gegenüber einpflanzen, aber er brachte mich, obwohl ich sehr gern lernte, doch dazu, mich auch nach anderen Erklärungen umzusehen, mir eine eigene Meinung zu bilden.

Dass wir als Christen in der DDR mit Einschränkungen zu leben hatten, habe ich als Kind und Jugendliche nie als etwas Ungewöhnliches empfunden. Wir hätten uns ja für einen anderen Weg entscheiden und uns an die sozialistische Gesellschaft anpassen können. Und in manchen Situationen haben wir das auch getan. So wurde ich in der ersten Klasse Mitglied der Pionierorganisation, und später übernahm ich in der Freien Deutschen Jugend (FDJ) Verantwortung. Dabei blieb aber immer klar, dass unsere Familie sich an die Kirche hält. Durch die politischen Differenzen zwischen meinem Vater und seinen Brüdern hatte ich früh gelernt, andere Meinungen stehen zu lassen und dennoch Gemeinschaft zu pflegen. Heute noch fühle ich mich angesprochen, wenn es darum geht, zwischen verschiedenen Standpunkten zu vermitteln. Um eine Brücke zu bauen, braucht man selbst einen festen Standpunkt, und den habe ich unter anderem von meinem Vater mitbekommen. Wieder ist es nur ein kurzer Satz, an den ich mich erinnere. Es war während meiner Sturm- und Drangzeit. Als Jugendliche hatte ich viele Fragen an die Kirche, zum Glauben und nach dem Sinn des Lebens. Meine Eltern konnten nicht immer wissen, wo es mich hintrieb, aber ich wurde nicht eingeengt, sondern durfte immer losziehen. In dieser Zeit sagte mir meine Vater: „Unsere Väter haben gebetet, dass das Glied nicht abreißen soll. Pass auf, dass du dabei bleibst, so wie unsere Familie dabei geblieben ist." Das war wieder so ein Hinweis, über den ich viel nachdachte. Er zeigte mir eine Richtung an, aber er bestimmte nicht über mich. Der Gedanke, dass schon viele Generationen am Glauben festgehalten hatten, gab meinem Leben eine Wurzel. Heute bin ich froh zu wissen, dass ich ein Glied in der langen Kette von Vorfahren bin, denen das wichtig war, was mir auch wichtig ist. Sicher habe ich trotzdem manche Entscheidung gefällt, die meine Eltern nicht nachvollziehen konnten, jedenfalls nicht sofort. Als ich zum Beispiel meine Arbeitsstelle kündigte, um eine Bibelschule zu besuchen, machten sie sich große Sorgen, wussten sie doch viel besser als ich, dass es in der DDR nicht leicht sein würde, diesen Weg zu gehen. Doch sie ließen mich ziehen, ohne mir Angst zu machen.

Es gibt auch Kleinigkeiten, die mir zeigen, dass ich ganz die Tochter meines Vaters bin. Als ich vor dem Schreiben dieses Beitrags in den Unterlagen meines Vaters blätterte, fand ich ein Zeug-

*Gemeinsam unterwegs (1961)*

nis aus seiner Schulzeit. „Neckereien ist er nicht abgeneigt", las ich da. Schön, dass auch so etwas weitergegeben wird. Nun weiß ich, warum ich mich gerne an Späßen beteilige. Auch von den Begabungen, die sein Zeugnis ausweist, habe ich einiges mitbekommen. Er war ein kreativer Mensch, der gerne schnitzte und bastelte, und er konnte sich gut ausdrücken. So entdecke ich im Rückblick viele Dinge, die mir mein Vater mitgegeben hat. Das macht mich dankbar.

*Margitta Rosenbaum, geborene Körner, Jahrgang 1957, arbeitet als Reisereferentin für die Arbeitsgemeinschaft Biblische Frauenarbeit und als freie Journalistin.*

Judy Bailey

# Der Philosoph

Wenn ich meine Heimat Barbados besuche, dann erzählen mir die Leute immer mal wieder von den Erinnerungen, die sie an mich als kleines Kind haben – wie ich als Fünfjährige auf meinem kleinen roten Fahrrad zur Schule gefahren bin. Ich war die Einzige in der Gegend, die das gemacht hat. Daher blieb dieses Bild von einem kleinen Mädchen, das jeden Tag gute sechs Kilometer gestrampelt ist, in vielen Köpfen hängen.

„Mit fünf?", habe ich meine Mutter einmal erstaunt gefragt. „Hast du keine Angst gehabt, dass mir etwas passieren könnte?"

Sie sagte, dass sie sich keine Sorgen gemacht habe, sonst hätte sie es mir nicht erlaubt. Außerdem seien damals kaum Autos auf der Straße unterwegs gewesen. Die Leute in der Gegend kannten unsere Familie und wussten um meine tägliche Radtour, sodass sie nach mir Ausschau hielten. Anscheinend war es meine eigene Idee gewesen, mit dem Fahrrad zur Schule zu fahren. Mein Bruder, der sieben Jahre älter ist als ich, hatte das gemacht, und ich sah keinen Grund, warum ich es nicht auch tun sollte.

In dieser schönen Spannung – zwischen Liebe, die beschützt, und Vertrauen, das auch loslassen kann – bin ich aufgewachsen. Meine Eltern gaben mir ein liebevolles Zuhause, aber sie hatten auch den Mut, mir etwas zuzutrauen. Ich hatte immer das Gefühl, in die große, weite Welt ziehen und etwas unternehmen zu können. Wahrscheinlich entwickelte ich diese Unabhängigkeit gerade deshalb, weil ich wusste, dass ich geliebt bin. Dieses Wissen gab mir die Kraft, loszuziehen, der Welt ins Gesicht zu sehen und nach Träumen zu greifen in dem Glauben, dass sie Realität werden können …

Die Musik spielte immer schon eine wichtige Rolle in meinem Leben. Obwohl wir keine Musikerfamilie waren, war die Musik nie weit weg. Mein Großvater mütterlicherseits war Organist, und meine Großmutter väterlicherseits spielte Klavier in ihrer Kirche. Meine Mutter sang im Kirchenchor, und mein Vater spielte mit viel Gefühl und Liebe zu alten Jazzstandards Trompete; wenn er die Wahl hatte, allerdings lieber in Clubs als in der Kirche. Dabei war er in einer Pfarrersfamilie aufgewachsen. Meine Großmutter, die Klavier spielte, war nämlich Predigerin. Sie hatte meinem Vater den frommen Namen „Lutha" mit auf den Weg gegeben. Gemeint war eigentlich der deutsche „Luther", aber der war wohl der Beamtin im Standesamt fremd gewesen, und so notierte sie in seiner Geburtsurkunde, was sie hörte: Lutha Bailey.

Geboren wurde ich in London. Meine Eltern, beide aus Barbados, hatten ihr Glück in der Ferne gesucht, einige Jahre in England gearbeitet und sich in der Zeit dort lieben gelernt.

Mein Vater hatte sich auf Einspritzpumpen in

*Judy Baileys Eltern bei ihrer Hochzeit in London (1967)*

Autos und Bussen spezialisiert (zeitlebens war es ihm wichtig, nicht nur ein gewöhnlicher „Mechaniker" zu sein). Meine Mutter hatte ein Jahr lang als Krankenschwester gearbeitet, konnte aber kein Blut sehen, weshalb sie sich stärker um das Haus kümmerte, das meine Eltern teilweise vermieteten, und nähte. Nach ihrer Heirat in England wurde zuerst mein Bruder Luther (diesmal richtig geschrieben) geboren; einige Jahre später wünschte meine Mutter sich dann noch ein Kind, und ich kam auf die Welt.

Anfang der siebziger Jahre – ich war zwei Jahre alt – kehrten meine Eltern zurück nach Barbados. Enoch Powell, ein polemischer, aber bei vielen äußerst beliebter Politiker dieser Tage, malte in seiner als „Ströme von Blut" in die Geschichte eingegangenen Rede die Bilder heftiger Rassenunruhen an die Wand und heizte die unruhige Atmosphäre der Zeit an. Meine Eltern verkauften ihr stattliches Haus in London und ließen alles zurück, was sie sich über Jahre hinweg aufgebaut hatten, um auf Barbados zu leben. Mit dem Schiff setzten wir gemeinsam von London nach Bridgetown/Barbados über; die Reise dauerte zehn Tage.

Im südöstlichen Teil der kleinen, überwiegend flachen Karibikinsel, in Sandford im Bezirk St. Philip, ließen sich meine Eltern nieder. Hier, sieben Minuten Fahrt vom Meer entfernt (das wir aber nur sehr gelegentlich besuchten), in einer Gegend mit mehr Feldern als Häusern, kauften sie Land und bauten sich eine neue Existenz auf. In unserer Nachbarschaft standen ein paar gemauerte Häuser. Davon gab es damals noch nicht so viele; sie waren ein Hinweis auf relativen Wohlstand. Etwas weiter weg standen die normalen Holzhäuser.

Mein Vater, der oft glorreiche Einfälle hatte, die er dann ohne Rücksprache mit meiner Mutter umzusetzen versuchte, wollte für uns ein Haus aus Stein bauen. Aber als meine

Mutter auf dem noch unbebauten Grundstück inmitten von offenen Feldern stand, musste sie erst einmal tief Luft holen. Sie fragte sich, wie sie sich nach zehn Jahren in London nun mit zwei kleinen Kindern (ich war drei, mein Bruder zehn) hier niederlassen sollte ...

Aus den Erzählungen meiner Mutter weiß ich, dass wir in den ersten Monaten, während unser Haus gebaut wurde, in einer behelfsmäßigen Holzhütte ohne Toilette lebten. Dort regnete es hinein, und große tropische Hundertfüßler versuchten uns den Platz streitig zu machen. Bis zum heutigen Tag lassen mich Spinnen und andere Insekten kalt, aber diese Hundertfüßler (die mit ihren Giftklauen tatsächlich so fest kneifen können, dass man ärztlich versorgt werden muss) machen mich verrückt!

Anfangs sah unser kleines Haus sehr schön aus, aber in den folgenden Jahren bildeten sich immer größere Risse im Mauerwerk. Das war mein Zuhause: ein kleinen Haus mit wachsenden Rissen, umgeben von viel Natur und vielen Tieren. Zeitweise besaßen wir etwa einhundert Schafe und noch einmal so viele Hasen, außerdem zwei Kühe, Truthähne, Hühner und Schweine. Auch wenn wir kein warmes Wasser aus der Leitung hatten, waren wir froh über unser Badezimmer mit Dusche.

Während meiner Kindheit in Sandford fühlte ich mich oft „anders", fremd. Ich war von England nach Barbados gezogen, und jeder wusste das. Ich hatte Fotos von unserer Familie in einem weit entfernten Land, in dem wir unter ganz anderen Umständen gelebt hatten: in einem vierstöckigen, gut möblierten Haus, mit einem Auto, in einer Stadt, die größer war als unsere ganze Insel. Die Bilder zeigten meine Familie und Freunde, und wir lächelten und sahen sehr glücklich aus. Wenn ich sprach, dann hörte man noch die Überbleibsel meines englischen Akzents, und der war unter den Barbadiern, die „Bajan" sprachen (Englisch, aber mit einem starken Dialekt), recht auffällig.

Mir wurde schon bald klar, dass wir in unserer Gegend mit den großen Steinhäusern wohl die Familie waren, die am wenigsten besaß. Das aus unserem Hausverkauf in England verbleibende Geld schwand zusehends durch die enthusiastischen Ausgaben meines Vaters. Die meisten Familien in der Nachbarschaft gehörten der Mittelschicht an; das war bei uns nicht der Fall. Trotzdem passte ich auch nicht so recht in die etwas weiter entfernte Nachbarschaft der Holzhäuser. Also spielte ich eher mit den privilegierten Kindern meiner unmittelbaren Nachbarschaft und besuchte sie in ihren Häusern. Trotzdem war es mir immer ein bisschen unwohl und peinlich, wenn sie auch mal zu mir nach Hause kommen wollten. Sie gingen auf private Grundschulen, hatten Brettspiele, schöne Fahrräder, Rollschuhe und Atari-Computer.

Mein Vater fing bald wieder als Einspritzpumpentechniker an und reparierte Busse für den Verkehrsverbund; meine Mutter bebaute das Land. Die wunderbaren Mango- und Mandelbäume und die Kokosnusspalmen zeugen von ihrer harten Arbeit, denn ohne regelmäßiges Wässern und Unkrautjäten wächst auf der kleinen, heißen Insel so leicht nichts.

Meinen Vater empfand ich als faul. Ich muss ihm zugutehalten, dass er seinen Job bis zu seiner Pensionierung behielt und so die Familie unterstützte, aber zu Hause tat er nichts, außer rumzuhängen und zu rauchen. Meine Mutter musste sich um alles kümmern – sie bestellte den Garten und pflanzte Obst und Gemüse an, versorgte die Tiere, kümmerte sich um den Haushalt und uns Kinder, kochte und erledigte die Wäsche (und das tat sie noch sehr lange von Hand!). Mein Vater kam fast täglich darauf zu sprechen, was für einen großen Fehler er gemacht hatte, sein großes Haus in London zu verkaufen und nach Barbados zu ziehen. Als die Jahre ins Land zogen und er pensioniert wurde, philosophierte er immer öfter über Gott und die Welt und trauerte dann um sein schönes Londoner Haus. Er hatte extreme Stimmungsschwankungen und war manchmal sehr wütend, dann wieder deprimiert und verzweifelt. Deshalb bekam er Medikamente verschrieben, die seine Seelenlage stabilisieren sollten. Seine Psychiater schienen sich allerdings nie ganz einig darüber zu sein, ob er nun eher schizophren oder manisch-depressiv war, und stritten darüber, welches die geeignete Behandlung für ihn war.

Mit der Zeit sagte ich meinem Vater wieder und wieder, wie glücklich ich war, in Barbados aufwachsen zu können. Ich liebte die Freiheit, die ich hier hatte – das Barfußlaufen zu Hause, die Mischung der Musik im Radio, aber auch die Tatsache, in einer zu großen Teilen schwarzen Gesellschaft aufzuwachsen, in der ich immer das Gefühl hatte, ich könnte alles sein und werden, was ich wollte, und es würde nicht meine Hautfarbe sein, die mich von irgendetwas abhielte.

Ich hatte viele Vorbilder um mich herum, schwarze Anwälte, Ärzte, Politiker, Lehrer ... Als ich nach Europa zog, merkte ich, dass ich noch etwas anderes liebte, an das ich bisher eigentlich nie einen Gedanken verschwendet hatte: Ich liebte das Wetter, denn in Barbados, wo die Häuser ohne Heizung auskommen, ist es einfach immer warm.

*Judy besucht ihre Eltern auf Barbardos*

Wäre ich in London aufgewachsen, wäre ich wohl ein anderer Mensch geworden. Trotzdem sprach mein Vater ständig von seinem großen Bedauern, London verlassen zu haben. Das war das dominierende Thema, das bis zu seinem Tod mit fast siebzig Jahren immer wieder in unsere Gespräche einfloss. Vielleicht war es gerade die Tatsache, dass mein Vater so unter dieser einen Lebensentscheidung litt, die mich dazu brachte, meine Hoffnung nicht auf materielle Dinge zu setzen und krampfhaft daran festzuhalten. Es macht mich nach wie vor traurig, dass er mehr als sein halbes Leben lang diesen 16 Jahren – er ging mit 18 nach London und kam mit 34 zurück – seiner Vergangenheit nachweinte und dabei so viel von dem verpasste, was sich direkt vor ihm abspielte.

Jahre später, nachdem ich schon wieder in Europa lebte, kam mein Freund und späterer Ehemann Patrick – ein Deutscher – mit nach Barbados und lernte mein Land, meine Eltern und das Haus mit den Rissen kennen. Gerne erzählt er bis heute von der ersten intensiven Begegnung mit meinem Vater. Am ersten Abend in unserem kleinen Haus nahm mein Vater eine Flasche Rum, eine Flasche Cola und Patrick und setzte ihn an den Küchentisch. Er schenkte ein und begann: „Now I'm going to tell you my life-story!" Als die Flaschen halb leer und die Männer halb voll waren, sagte mein Vater: „Thaat's my lifff-stoy. Now u telll mi u're lifff-stoy." Zumindest verstanden sich die beiden nach diesem Abend blendend, und auch meine Mutter schloss den Mann, den ich immer mehr liebte, in ihr Herz.

Nie werde ich das Jahr 2007 vergessen. Am Neujahrstag erwarteten wir mit riesiger Spannung die Geburt unseres zweiten Kindes. Es sollte ein großes Baby werden. Und schon jetzt zeigte es, dass es seinen eigenen Willen hatte, indem es seinen Geburtstermin total ignorierte. Am 9. Januar kam

Noah endlich zur Welt – gesund und munter. Am nächsten Tag legte mein Vater sich nach einem Spaziergang auf den Küchenboden und stand nicht mehr auf. Er sollte nie wieder laufen können. Seit geraumer Zeit war er an Prostata-Krebs erkrankt, doch bisher schien es ihm recht gut zu gehen.

Nachdem wir die Nachricht vom Gesundheitszustand meines Vaters erhalten hatten, beschlossen wir, unsere Reise nach Barbados vorzuziehen. Mit unserem sechs Wochen alten Noah flogen wir in die Karibik. Mittlerweile war mein Vater ins Krankenhaus eingeliefert worden, und so bestimmten tägliche Besuche auf der Krebsstation unseren Aufenthalt. Mein Vater freute sich riesig, unseren ersten Sohn Levi wiederzusehen, und strahlte stolz über den „Neuzugang" in unserer Familie. Doch trotz der Freude, uns zu sehen, und trotz seines komischen, lauten Lachens war es offensichtlich: Die Dinge hatten sich verändert. Dieser einst so robuste Mann war nun gebrechlich, seine Beine waren abgemagert. An seinem Blick und tief in seinen Augen konnte ich sehen: Er war nicht mehr der Mann, den wir kannten.

Gerade war unsere CD Surrounded erschienen. Wir kauften ihm einen tragbaren CD-Spieler, auf dem er sie sich anhören konnte; wir hofften, das würde ihn aufmuntern. Als mein größter Fan hörte er sich meine Songs normalerweise ununterbrochen an. Er diskutierte leidenschaftlich über die Liedtexte und war stolz, dass ich über Themen mit Substanz sang. Aber jetzt schien es ihn viel Mühe zu kosten, die CD anzuhören. Offensichtlich fiel es ihm schwer, sich zu konzentrieren.

Wir sprachen über seine Krankheit. Die Genesungschancen. Was wichtig ist. Was nicht. Bereutes. Beziehungen. Lachten über manche Verhaltensweisen und Eigenarten unserer Familie. Diskutierten, wie wir es seit Jahren als Familie tun – in dem Wissen, dass es nichts an dem ändert, was wir füreinander empfinden. Allerdings diskutierten wir diesmal ein wenig behutsamer. Uns war bewusst: Dies konnte das letzte Mal sein, dass wir einander sahen.

Nach drei Wochen kehrten wir nach Deutschland zurück. Ein paar Tage später ließ sich mein Vater, zur großen Überraschung meiner Mutter, aus dem Krankenhaus entlassen und kam zurück nach Hause. Kurz danach waren wir wieder unterwegs: Kuba, Mexiko, Panama, Honduras, Costa Rica, Dominikanische Republik, Jamaika, Guatemala ... Aus jedem Land rief ich zu Hause an. Normalerweise liebte mein Vater es, alles über unsere Reisen zu erfahren, und fragte uns über sämtliche Länder aus, in die uns die Musik führte. Jetzt konnte er kaum sprechen.

„Es geht ihm gar nicht gut", erklärte mir meine Mutter eines Morgens. „Bitte leg doch das Telefon neben ihn", bat ich sie und versprach: „Ich rufe später noch einmal an." (Mein Vater nahm keine Anrufe mehr entgegen, weil er weder den Hörer abnehmen noch sprechen konnte.) Aber als ich ein paar Stunden später anrief, hob niemand ab. Ich spürte, wie Unruhe in mir aufstieg, und fing an, banalen Papierkram zu erledigen. Dann klingelte das Telefon. Im Bruchteil einer Sekunde erkannte ich die Nummer meiner Eltern. Ich wusste, was das zu bedeuten hatte. Obwohl ich jeden Tag mit meiner Mutter sprach, war ich immer diejenige, die anrief. „Hallo, Judy", hörte ich die Stimme meiner Mutter sagen. „Du weißt, was passiert ist, wenn ich anrufe. Daddy ist vor etwa zwanzig Minuten gestorben." Ich fragte nach den Einzelheiten, und sie beschrieb sie mir. Als ich angerufen hatte, war sie gerade für ein paar Minuten aus dem Haus gegangen. Ich ärgerte mich, dass ich nicht früher zurückgerufen hatte. „Er hätte ohnehin nicht mit dir sprechen können", sagte sie. Das wusste ich. Aber wenn er meine Stimme gehört hätte, dann hätte er vielleicht gemerkt, dass ich bei ihm war, so nah, wie ich es nur sein konnte ... Vielleicht hätte es mir mehr bedeutet als ihm. Trotzdem hätte ich gern gewusst, dass ich alles mir Mögliche getan hatte. Dass er einige Stunden vor seinem Tod meine Stimme hören konnte.

Am nächsten Tag flog ich mit Noah nach Barbados. Ich fühlte mich so, als hätte ich mich nun der Schar von Menschen angeschlossen, die sich von einer nahestehenden Person hatten verabschieden müssen – und mir war, als hätte ich einen Teil meiner Sorglosigkeit und Unschuld verloren.

Mein Vater war ein Mann vieler Fragen. Ein Denker. Das brachte ihm den Spitznamen „Philosoph" ein, vor allem, da er auch ein begeisterter Anrufer bei Hörerprogrammen war. Deshalb beschlossen wir, ein paar seiner Fragen und Aussagen auf dem Programmblatt seiner Trauerfeier abzudrucken: „Wachstum bedeutet, alte Blätter abzuwerfen, während neue sprießen." „Was erwarten wir als Nächstes, wenn Blüten vom Baum fallen? Dass Früchte vom Baum fallen!" Daneben setzten wir ein paar Fotos von ihm. Auf einem der Bilder ist er in einer lustigen Pose zu sehen, mit der Hand am Kinn, unter

*Lutha Bailey (1937–2007)*

dem Straßenschild „Philosophenweg". Dieses Foto war etwa ein Jahr zuvor während seines Besuchs in Deutschland entstanden.

„Wollen Sie bei der Trauerfeier singen?", fragte mich der Bestattungsunternehmer, als wir die Beerdigung vorbereiteten.

Er kannte meinen Vater. „Das hätte ihm bestimmt gefallen", fügte er hinzu. Darüber hatte ich noch gar nicht nachgedacht. „Nein", antwortete ich spontan. „Ich habe keine Ahnung, wie ich mich am Tag der Beerdigung fühlen werde, und ich will nicht unter dem Druck stehen, singen zu müssen." „Selbstverständlich. Das verstehe ich", sagte er und fuhr fort.

Die wenigen Tage vor der Beerdigung waren voller Termine: So viel musste arrangiert werden! Eine Vielzahl von Telefonanrufen und jede Menge Besucher. Ich staunte, wie viele Menschen uns unterstützten. Doch während dieser außergewöhnlichen Zeit – in all der Hektik und Geschäftigkeit – trieb mich ständig diese eine Frage um: Werde ich bei der Beerdigung singen?

Ganz der Tradition auf Barbados gemäß gingen wir am Tag der Beerdigung im engeren Familienkreis zuerst zum Bestattungsinstitut, um den Leichnam anzusehen, und fuhren dann hinter dem Leichenwagen zur Kirche. Als wir die Eingangshalle betraten, fragten wir uns: Wie würde es sein, Daddy im Sarg liegen zu sehen? Es war ein unwirkliches Gefühl, und meine Reaktion fiel anders aus als erwartet. Als ich sein Gesicht betrachtete, die Gesichtszüge, die ich so gut kannte, war ich überrascht ... und fühlte mich erleichtert. Ich suchte nach Traurigkeit in mir, fand aber keine. „Das ist er gar nicht", dachte ich nur. „Dieser Körper sieht ihm nicht ähnlich." Es war, als ob Gott mir zuflüsterte: „Er ist nicht hier." Ganz offensichtlich war sein Körper wirklich nur eine Hülle. Plötzlich verstand ich zum ersten Mal, dass nicht nur besondere Merkmale ein Gesicht prägen, sondern auch die Seele und der Geist. Daddy war nicht hier. Nach seinem letzten Atemzug war er zu Gott gegangen. Wir alle fühlten uns erleichtert.

Daddy hätte seine Trauerfeier gefallen. Die Kirche war voll: Familienangehörige, Freunde, Nachbarn. Ein paar

Trauergäste kamen sogar, weil sie übers Radio erfahren hatten, dass er, einer der regelmäßigen Anrufer bei Hörerprogrammen, gestorben war. Während der Grabrede lachten manche leise über seine lustige, mitunter sonderbare Art.

Ja, und ich sang.

Ich fand ein Lied, das ich erst einige Monate zuvor aufgenommen hatte. Er hatte es noch gehört. Nun kam es mir so vor, als hätte ich es für ihn geschrieben, für einen Mann mit vielen Fragen. Ein Lied über die Chance, Gott endlich zu begegnen und – vielleicht auf eine unerwartete Weise – Antworten zu finden. Ich merkte, dass es sein Lied war: „One Day".

Es ist ein Lied, in dem Gott angesprochen wird: „Nun, wenn ich wirklich, wirklich die Chance hätte, dir zu begegnen, würd' ich mich verlieren. Voller Bewunderung und Staunen wäre ich, wenn ich dich sähe, ich würd' mich verlieren. Und ich vermute, dass meine Worte nur wenige wä-

*„One day"*

ren, ich würd' mich verlieren. Alle Fragen, die ich habe, würden sich auflösen in dir, ich würd' mich verlieren."

Zehn Monate später reisten wir – Patrick, Levi, Noah und ich – wieder nach Barbados. Ein bisschen unwirklich war es schon, das Grab wiederzusehen, es zu pflegen und darüber nachzudenken, was unten begraben liegt. Doch an einem ganz anderen Ort bin ich unerwartet zu Tränen gerührt: in der Postfiliale. „Haben Sie Ihrem Vater Blumen geschenkt?", fragt mich die Frau hinter dem Schalter, die ich gar nicht kenne. „Bitte?", sage ich nur. Ich habe keine Ahnung, wovon sie spricht. „Ihr Vater – haben Sie ihm Blumen geschenkt?" „Aber mein Vater ist t..." Noch bevor ich das letzte Wort aussprechen kann, sagt sie: „Blumen fürs Grab. Fürs Grab. Junge Frau, Ihr Vater hat so viel von Ihnen erzählt. Er hat oft Fotos mitgebracht und uns berichtet, was Sie so alles machen. Sie und Ihre Musik und Ihre Reisen und Ihre Familie. Er war so stolz auf Sie."

Mein Herz weinte ... und sang.

*Dieser Beitrag ist ein gekürzter Auszug aus dem Buch „Und ich sang", das sie zusammen mit ihrem Mann, Patrick Depuhl, verfasst hat. © 2009 by Joh. Brendow & Sohn Verlag GmbH, Moers*

*Judy Bailey Depuhl, Jahrgang 1968, hat in England Psychologie und Counselling Psychology (Beratung und Psychotherapie) studiert, sie lebt und arbeitet aber als Musikerin. Mit ihrer Musik ist sie in über 25 Ländern aufgetreten, hat zahlreiche Alben veröffentlicht und ist als World-Vision-Botschafterin aktiv. Sie lebt mit ihrer Familie am Niederrhein. www.judybailey.de*

# Elisabeth Eberle

# Der Weise

Vater trug Hut. Wenn ich an ihn denke, taucht vor meinem inneren Auge ein Mann auf, der nur selten ohne Kopfbedeckung nach draußen ging: Hut oder Kappe, eins von beidem trug er immer. Er starb mit 84 Jahren, in der Nacht vor meinem 28. Geburtstag. Vater verabschiedete sich von mir mit den Leuchtaugen jenes Zehnjährigen, der so gern auf Bäume geklettert war. Obwohl er einst dafür den Hintern versohlt bekommen hatte, der zerrissenen Hosen wegen. Damals besaß er nur zwei. Eine für den Werktag, eine für den Sonntag, ausschließlich kurze. Die erste lange gab es zur Konfirmation. So lief das 1910, als Georg Johannes zur Welt kam.

Ich bin im Besitz unzähliger Briefe, die mein Großvater und mein Vater mit den unterschiedlichsten Menschen wechselten. In diesen Lautlosigkeiten liest sich ihr Wesen: leidenschaftlich und begabt. Weite Herzen, verletzliche Seelen, unstillbarer Wissensdurst. Neugierig auf das Leben. Geöffnete Sinne, allem Schönen zugetan. Beide waren Autodidakten. Mein Vater las Zeitungen von hinten bis vorne, dazu unzählige Bücher, sogar unsere Schulbücher. Er hatte immer Bücher auf Vorrat in der Werkbank. Er zeichnete, betrachtete Bilder, stundenlang. Er besichtigte Bauwerke, Kirchen, Klöster, Kathedralen, Hochaltäre. Dazwischen arbeitete er. Als Selbstständiger, stetig, aber nicht ständig. Niemals an einem Sonntag, nie an einem Feiertag. Er hielt Mittagsschlaf und rasierte sich danach ein zweites Mal. Er kam morgens nicht gut aus den Federn, dafür brannte abends lange das Licht in der Werkstatt. Oft betete er dort, auch auf Knien.

Er liebte seinen Tischlerberuf, würdigte die Schöpfung, Wald, Bäume, besonders das Eichenholz, seiner Lebensdauer wegen. „Aber", höre ich ihn, „nichts hat Bestand außer Ewigkeit, und noch ist nicht Ewigkeit. Begrabt mich deshalb nie in einem Eichensarg, er vergeht zu langsam, merkt euch das!" – Jawohl, Chef!

Vater kürte sich nie zum Chef. Er hatte selbst nicht die besten erlitten. Auch wenn er von seinem letzten bereits noch ganz jung zur Meisterprüfung angemeldet wurde, entgegen allem, was üblich war. Weil der seine Qualitäten bemerkt hatte. Vater arbeitete immer allein, für seine Familie, für uns. Er versammelte keine Reichtümer, trotz bester Wirtschaftswunderzeiten. Er blieb ein stiller Beobachter und verlangte oft viel zu wenig für seine ausgesuchte Qualitätsarbeit. Vater suchte an Reichtümer anderer Art zu denken. Er ließ uns keinen Tag ohne den aaronitischen Segen aus dem Haus, wie er in 4. Mose 6 steht. Das war ihm wichtiger als die Busse, die wir deswegen manchmal verpassten. Als er uns verließ, merkten wir, wie unzählig viele Menschen um ihn trauerten, ihm ehrliche Tränen nachweinten.

*Die Hochzeit der Eltern (1958)*

Vater befand sich in der Mitte von fünf Geschwistern. Er hatte drei

Schwestern und einen Bruder, einen „Nachkömmling", der später in Russland fiel. „Ich fühle mich so vereinsamt, seitdem du nicht mehr in meiner Nähe bist", schrieb Vater ihm, nachdem der „Kleine" in den Krieg gezogen war. „Ich hätte weinen können, werde ich dich doch sicher auf längere Zeit nicht mehr sehen." Nie sah er ihn wieder. Es blieb eine Wunde, wie nur innige Liebe sie hinterlässt.

Vaters Vater war jüdischer Herkunft – was man verschweigen musste. Durch mich, die ich genau neunzig Jahre nach Großvater geboren wurde, kam diese Tatsache ans Licht. Auf völlig verblüffende Weise. Noch heute kann ich den Tonfall hören, mit denen mir mein Vater das Geheimnis offenbarte.

Überhaupt. Vater und Worte. Er hatte viele zur Verfügung, wie wir alle. Er wog sie. An irgendeinem Ort schien es für ihn eine Wort-Sparkasse zu geben. Dort hob er ab, wie er es brauchte. Mal kam er mit wenigen aus, mal benötigte er mehr, zwischendurch ließ er sich zu vielen hinreißen. Nie jedoch gab es eine Inflation. Selbst dann nicht, wenn der Rest der Familie tagelang unter Muskelkater litt, in der Körpermitte, die bei uns sehr unterschiedlich ausfällt. Will sagen: Vater konnte zielgenau mit den richtigen Worten den richtigen Nerv bei uns treffen. Wir kugelten uns auf dem Boden und hielten uns die Bäuche vor Lachen. Während er selbst in sich hinein schmunzelte und seine Augen glänzten. Glück. Er konnte auch einfach so lachen, mittendrin am Esstisch, wenn ihm gerade irgendetwas in den Sinn kam. An diesem Esstisch, an dem es bis heute einen Platz gibt, der „Vaters Platz" heißt.

Hier erzählte er auch. Ungeplant meistens, es ergab sich so. Lediglich in der Zeit, als meine Geschwister und ich klein waren, war es anders. Da krochen wir am Sonntagmorgen zu ihm ins Bett und bettelten: „Bitte, eine Geschichte!" Zum

Glück war Mutter Frühaufsteherin. (Dafür aber Zu-spät-zur-Kirche-Geherin, was Vater sonntäglich den letzten Nerv raubte, aber das wäre ein anderes Kapitel.) Vater erzählte uns Geschichten aus dem Alten Testament, während Bratenduft durchs Haus zog. Noch heute kennen wir die Wortlaute, ganze Sätze. Konkurrenzlos gekrönt blieb für uns die Sache mit Abraham und seinem Knecht Elieser. Dieser, so wurde er von seinem Herrn beauftragt, solle sich auf eine Reise begeben, um eine Frau für seinen Sohn Isaak zu finden. Niemals mehr habe ich irgendjemanden diese Geschichte schöner erzählen hören. Manchmal liefen Vater dabei sogar ein paar leise Tränen aus den Augenwinkeln. Einmal wischte ich sie weg, wortlos. Ich bin mir sicher: Während er erzählte, überraschte Gott ihn immer wieder aufs Neue. So geht es mir heute oft auch.

*Georg Johannes Bitzer (1910–1994) mit Elisabeth*

Vater hatte ein Kosewort für mich: „Kleine", manchmal auch „Kleinerchen". Es war der Ton, der diesem schlichten Wort seinen Wert verlieh, wenn er mir durch die Haare strich. So zum Beispiel, wenn ich bei den zahllosen Sonntagsspaziergängen an seiner Hand durch Felder und Wälder stromerte, ihm fröhlich plappernd irgendeine Geschichte erzählte, die ihm etwas aus meinem Herzen offenbarte. Oder ihm Fragen stellte. Darunter auch manch bekümmerte wie diese: „Warum meinen die Menschen etwas anderes, als sie sagen?"

Entdeckten wir eine passende Bank, ließ sich Vater darauf nieder. Es konnte sein, dass er sich dabei in ein winzig kleines Neues Testament vertiefte, das er in der Innentasche seiner Anzugsjacke trug. Währenddessen pflückte ich oft einen Strauß Wiesenblumen, sang vor mich hin, beobachtete Käfer. Frieden.

Vater hatte es fertig gebracht, sechzehn Jahre auf seine Traumfrau zu warten. Er hatte sich in sie verliebt, als sie ein sechzehnjähriges Mädchen war. In diesen Jahren kam er nur an den Wochenenden in sein Elternhaus. Dort verbrachte ein Freundeskreis die Sonntagnachmittage und begleitete dann meinen Vater zu Fuß zum Bahnhof. Mit dabei irgendwann meine Mutter. „Jetzt bin ich genau doppelt so alt wie du, aber das sind wir nur einmal!", bemerkte er bei einem dieser abendlichen Bahnhofsgänge ihr gegenüber. Da hatte sie noch keine Ahnung, dass dieser gestandene Mann sie bereits liebte. 1958 heirateten sie. Mein Vater übernahm den Schreinereibetrieb meines Großvaters und erweiterte sein Elternhaus. Seine Mutter und seine jüngste Schwester wohnten weiterhin im Haus.

Mit 49 Jahren wurde er Vater: Herzensglück über den Sohn.

Zwei Jahre darauf kam meine Schwester zur Welt: Freude wie bei Schneekönigs, dass er jetzt beides hatte. Als er an einem trüben Novembersonntag in sein Familienregister schreibt: „Noch einmal ist uns ein Töchterchen geboren, Elisabeth Agnes", ist er 56 Jahre alt. Mit anderen Vätern hatte er für mich lediglich gemeinsam, dass er ein Mann mit Kindern war. Ob mich sein Alter störte? Keineswegs. Es war einfach so, und mit jedem Jahr meines Heranwachsens entdeckte ich mehr Schätze seines gereiften Lebens. Nur als ich klein war, ärgerte mich ein Satz: „So, bist du mit dem Opa unterwegs?" Allein dieses Wort verursachte mir Schüttelfrost. Seine Enkel nannten ihn später Großvater.

Vater wechselte keine Windeln, trug uns nicht stundenlang herum. Undenkbar, dass er sich den Tisch selbst hätte decken müssen. Er wurde als Erster bedient und bekam das größte Stück Fleisch. Wir fanden das normal. Häufig schaffte er es, in einem unbemerkten Augenblick ein Stück davon auf unseren Teller zu schmuggeln. Oft sein letztes. Es schmeckte unvergleichlich.

Vater war bei unseren Geburten dabei. Selbstverständlich. Genauso selbstverständlich war für ihn, dass unsere Mutter Zeit ihres Lebens ihrem eigenen Beruf nachging. Er nahm sogar in Kauf, dass er deswegen jahrelang von Glaubensgenossen hart angegangen wurde. Selbstständige Frauen wie meine Mutter waren manchen von ihnen ein Dorn im Auge. Sie war Hebamme. Die Menschen liebten sie, und Vater liebte sie. „Warum hast du dich in Mama verliebt?", wollte ich einmal wissen. Da war ich noch lange kein Teenager, und mein Platz am Esstisch war der neben ihm. Mit einem Wink bedeutete er mir, nahe an sein Ohr zu kommen. Da er aber nicht flüstern konnte, was uns amüsierte, wurde es eine Ansage: „Sieh sie dir doch an: Keine hat so schöne schwarze Haare, und keine ist so gescheit wie sie."

Er spielte nicht mit uns. Aber ich spielte in seiner Nähe. Beobachtete ihn und seine Kunden. Und die Besucher, die nur mit ihm reden oder einen Rat von ihm wollten. Oft nahm ich beim Nach-draußen-Gehen den Weg durch die Werkstatt und hinterließ im Vorbeigehen schnell und heimlich einen minimalen Fingerabdruck in frischem Leim oder Fensterkitt. „Ich hab's gesehen", sagte er dann am Abend und piekste mich mit dem Halbtagesbart.

Er war nie bei einem Elternabend in der Schule. Einzig an meinem letzten Schultag tauchte er auf. Ich hielt anlässlich der üblichen Feierlichkeiten meine erste öffentliche Rede und hatte ihm verboten zu kommen. Tage später rief er mir von Weitem zu: „Deine Rede war übrigens klasse!" So sehr ich mich auch anstrengte: Ich konnte ihm nicht böse sein.

Er liebte Essen, bis auf Gemüse. Er hatte einen Gaumen für alle Arten Kuchen, trank gern zwei gute Tassen Kaffee, ein schönes Glas Wein. Weihnachten und Ostern waren für ihn keine banalen Feier-, sondern Festtage, aber nicht des Essens wegen. Früh hatte er Krankheit und Hunger kennengelernt. Seine Mutter hatte sich mit den kleinen Kindern durchbringen müssen, als Großvater in Flandern im Schützengraben lag. Als junger Mann hungerte er bei sparsamen Hauswirtinnen. Während der Verpflichtungszeit in der Rüstungsindustrie sowieso. Das hatte ihn geprägt. Zu unserem Leidwesen mussten wir auch den letzten Apfel im Gras aufspüren, selbst wenn die Wiese schon von eisigkaltem Raureif überzogen war. Vater scheute nicht, sich fürs tägliche Brot körperlich zu schinden. Umso mehr genoss er es, wenn er uns in einer Gastwirtschaft ein Schnitzel mit Pommes Frites bestellen konnte. Ich habe es ausgekostet, weil ich am längsten mit ihm Ausflüge machte, per Bahn, per Fahrrad, zu Fuß. Kaum konnte ich Auto fahren, erfand er lauter schöne Touren für mich. Dabei lehnte er sich entspannt zurück und machte ein Schläfchen, während ich mit 180 über die Autobahn segelte. So war er. Nannte er uns als Erwachsene noch „Kinder", empfanden wir das nie als Ausdruck der Bevormundung.

Vater erklärte und erzählte uns die deutsche, die preußische und die württembergische Geschichte. Dazu die Geschichte des Volkes Gottes. Er konnte es nicht leiden, wenn wir nicht

Bescheid wussten. Er ließ Persönlichkeiten aus der weltlichen und der Kirchengeschichte lebendig werden. Bei ihm verbanden sie sich: historisch verbriefte Ereignisse, Anekdoten und persönliche Erlebnisse. Vergangenheitsverklärung war nicht dabei, stattdessen gab es Gedankenanstöße. Früher war ja keineswegs alles besser.

Seine große Begabung lag in einer feinsinnig geführten Persönlichkeitsbildung, ganz beiläufig. Er lehrte uns, allem Leben mit Achtung zu begegnen. Kein Standesdünkel, keine Geringschätzung. Erst sich selbst prüfen, dann den andern. Niemals urteilen, bevor man nicht mehr weiß. Gut zuhören. Lange und gut beobachten, und sollte es Jahre dauern. Fehler waren erlaubt. Schulnoten waren lediglich Umstände. Unsere Freunde waren am Kaffeetisch immer willkommen. Liebschaften registrierte er, fragte nie nach und wusste Bescheid, bevor irgendwas zu Ende war. Trösten lag ihm näher als langwierige Diskussionen.

Ehre, wem Ehre gebührt. Aber kein Buckeln, keine Falschheiten. Vater hatte einst Adolf Hitler in die Augen gesehen und dabei den Arm unten gelassen. Er wurde verhört und erfuhr Bewahrung. Unfassbar.

Vater war als Kind in eine kleine Glaubensgemeinschaft hineingewachsen. Was deren Gründer in der Blüte des schwäbischen Pietismus voll guter Visionen angefangen hatte, war im Lauf der Zeit in eine Schräglage geraten. Nicht zuletzt deshalb, weil sich die „leitenden Brüder" von Glaubensgenossen anderer Gemeinden absonderten und sich jeglicher Korrektur und selbst liebevoller Impulse von außen ganz bewusst entzogen. Kinder und junge Menschen hatten es schwer. Lebenslust wurde gleichgesetzt mit Sünde und Verderbtheit. So gewannen vor lauter Alles-recht-machen-Wollen Unterdrückung und Schwermut die Oberhand. Von der befreienden Botschaft, die den Sünder gerecht spricht und aufatmen lässt, war nichts mehr zu spüren. Wo man einst dem Geist Gottes alles zutraute, praktizierte man oft nur noch Misstrauen. Die Last, die doch Jesus am Kreuz getragen hat, wurde in jeder Predigt neu auf die Schultern der Zuhörer gelegt. Statt die Flügel des Glaubens zu stärken, brach man sie, starrte auf alle Unvollkommenheiten. Vater hielt Jesus diese Flügel hin. Durch sein eigenes Ringen um die Wahrheit, durch das intensive Beschäftigen mit der Bibel, durch sein Beten, seine Hinwendung an die liebende Stimme anderer Christen und an die Stimme, die er in seinem Herzen vernahm, offenbarte sich ihm Gott von einer ganz anderen Seite. Und er hielt seiner Familie, seinen Kindern, und sich selbst einen Gott vor Augen, zu dem man vertrauensvoll sagen kann: „Ich will mich aufmachen, und zu meinem Vater gehen", und von dem es heißt, dass er seinem Sohn entgegeneilte, kaum dass er ihn von Ferne sah (Lukas 15). Wohl nicht ohne Grund ist das Gleichnis vom Verlorenen Sohn eins unserer liebsten. Als ich achtzehn war, bat ich meinen Vater um Geld für eine Reise nach St. Petersburg, das damals noch Leningrad hieß, nur um das Original von Rembrandts Gemälde „Die Rückkehr des verlorenen Sohnes" zu sehen. Es hängt dort in der Eremitage, und ein Druck, von meinem Bruder in Eichenholz gerahmt, hängt heute in unserem Wohnzimmer.

Meine erste richtige Jeans hat Vater mir gekauft, in Lech am Arlberg. Ich, damals kaum zehn, trug diese Hose jahrelang. Zum Schluss abgeschnitten, als Ultra-Shorts, bis endgültig der allerletzte Knopf absprang. Wir versenkten sie gemeinsam in der Mülltonne. „Darüber bist du erwachsen geworden", so sein Wort. Er blieb mein Komplize. Drehte es sich in meinen Kinderjahren darum, den Teddy in den Ferienkoffer zu schmuggeln, brauchte ich ihn jetzt, um mir ein blaues Motorrad anzukündigen. Ein Warnruf und eine Hintertür genügten. Vater war weit über Siebzig, aber keineswegs von gestern.

Es war in dieser Zeit, als ich ihn mitten in seiner Arbeit mit einer Frage überfiel: „Was würdest du sagen, wenn ich dir jetzt sagen würde, dass ich schwanger bin?"

Mein Vater legte sein Werkzeug auf den Tisch und lächelte.

„Nach Hause kommen darf man immer."

Das war seine Lebenspredigt. Genau sechs Worte lang. Kein Pastor hat mir je eine kürzere gehalten – und keiner eine bessere.

*Elisabeth Eberle, geborene Bitzer,*
*Jahrgang 1966, machte eine Ausbildung*
*zur Bibliotheksassistentin und arbeitete*
*dann vor allem im Buchhandel.*
*Seit einigen Jahren ist sie freie Autorin.*
*Sie lebt in Winterbach bei Stuttgart.*
*www.elisabeth-eberle.de*

# Hanna Schott

# Der Treue

**D**ie Alltagskompetenz des Pat. ist stark eingeschränkt."
Eigentlich ein betrüblicher Text, den ich da in Händen
halte. Trotzdem muss ich laut lachen. „Pat." soll wohl „Pa-
tient" heißen, nicht „Patriarch". Gemeint ist mein Vater, 86
Jahre alt und gerade mit einem Schrieb des Sozialdienstes aus
dem Krankenhaus entlassen.

„Alltagskompetenz!" Nicht nur ich, auch meine Geschwister und meine Mutter empfinden die unfreiwillige Ko-
mik des Gutachtens. Dieses Zeugnis hätten wir ihm auch
schon vor vierzig Jahren ausstellen können!, bestätigt jeder
von uns dem anderen am Telefon.

*Die Eltern Malessa mit Hanna, Susanne und Andreas (1963)*

Mir fällt eine typische „Wir-fahren-in-den-Urlaub"-Szene ein. Es ist brüllend heiß. Das Auto steht gepackt auf dem Hof, wir drei Kinder klettern auf die Rückbank und verhängen die Fenster, indem wir Handtücher einklemmen. Was meine Mutter nicht mehr in den Kofferraum quetschen kann, bekommen wir nun auf den Schoß gepackt. Ich habe die Waschschüssel mit den Dingen vor mir, die einem ganz zum Schluss noch einfallen: Scheuermilch, Bindfaden, Wäscheklammern, Streichhölzer ... (Für einen Kombi hatten wir kein Geld, aber gab es nicht auch um 1970 herum schon Dachgepäckträger? Bestimmt. Technische Neuerungen zogen an unserer Familie unbemerkt vorbei.)

Endlich nimmt auch meine Mutter Platz. Auf dem Beifahrersitz, versteht sich.

„Wo ist Vati?"

Meine Mutter steigt noch einmal aus. (Von uns Kindern kann sich ja keins mehr rühren.) Sie findet meinen Vater vor den offenen Schubladen der Frisierkommode im Schlafzimmer. Er hat bis zur letzten Sekunde am Schreibtisch gesessen. Jetzt sucht er seine Manschettenknöpfe, ohne die er nicht in den Campingurlaub aufbrechen will ...

*Nie ohne Manschettenknöpfe!*

Mein Vater ist die Treue selbst. Er ist sich treu, er ist anderen treu, er ist seinem Stil treu. Warum sollte er sich im Urlaub anders kleiden als zu Hause? Er will niemandem etwas vormachen.

Was in Nordhessen korrekt ist, kann in Rom nicht ganz falsch sein. Und natürlich machen wir eine Kulturreise, unterbrochen nur von einigen Badestunden. Camping hat nichts mit freiem Leben am Busen der Natur zu tun. Es ist der (bald aufgegebene) Versuch, mit noch weniger Geld an noch weiter entfernte Orte zu kommen.

Bildungsfern und zugleich bildungshungrig – so wie mein Vater als Junge aufwuchs, leben heute wohl am ehesten Migrantenkinder. Statt des Korans auf dem Tisch und der Fahne des Heimatlandes an der Wand bot der ostpreußische, genauer: der masurische Haushalt eine Bibel auf dem Tisch und ein Hindenburgbild darüber. Das genügte als Orientierung im Leben und im Sterben. Die Gegend und das Milieu, in das mein Vater hineingeboren wurde, kennen Siegfried-Lenz-Leser aus „So zärtlich war Suleyken". Der väterliche Bauernhof war eine Klitsche, die gerade mal die eigene Familie ernährte. Ideale wie eine Liebesheirat und anderer romantisch-romanhafter Schnickschnack waren jenseits dessen, was man sich leisten konnte. Was nicht ausschloss, dass man sich dann doch irgendwann liebte. Mein Großvater jedenfalls nahm die Frau, die am schnellsten Rüben hacken konnte. (Er hatte drei Frauen zur Ernte gegeneinander antreten lassen.) Wilhelmine schenkte ihm fünf Kinder, von denen eins, ein Zwilling, bei der Geburt starb. Wenige Jahre später starb die flinke, aber auch kleine und zarte Frau selbst. Da war mein Vater zwölf Jahre alt, und weil Marie, die Älteste und das einzige Mädchen, schon 21 war, beschloss man, dass eine Kostgängerin mehr am Tisch nicht wünschenswert und eine neue Frau für Vater nicht notwendig sei. Marie könne den Haushalt und die Stallarbeit allein bewältigen und, was die Arbeit anging, an die Stelle der Mutter aufrücken. Mein Großvater blieb also Witwer, vierzig Jahre lang.

„Das Fritzchen", mein Vater, war wohl der Pfiffikus unter den vier Kindern – oder war er nur der Einzige, der gefördert wurde? In der Nähe des Hofs war weit und breit keine höhere Bildung zu haben, so kam er nach den damals üblichen sechs Jahren Grundschule mit dreizehn für ein Jahr auf die Realschule, und das hieß: in eine fremde Familie, und dann für vier Jahre auf das Gymnasium, das immerhin mit Bus und Bahn von zu Hause zu erreichen war. Für das musikalische Fritzchen wurde ein Klavier angeschafft, und Marie konnte bei der Stallarbeit unter demselben Dach hören, wie der kleine Bruder übte. (Der Hass auf Klaviermusik hat sie nie mehr verlassen.)

Wenn ich mir vorstelle, dass mein Vater, als der Krieg zu Ende ging, so jung war wie meine jüngste Tochter heute ... 21 Jahre! Als gelbsüchtiger, klapperdürrer und – auch wenn das niemand sagen oder auch nur denken mochte – schwer traumatisierter Entlassener aus der Kriegsgefangenschaft ließ er Russland hinter sich. Und während der Zug immer weiter

Richtung Westen fuhr, fasste er einen Entschluss, der seinem Leben die entscheidende Wendung gab: Er stieg nicht aus, als er die Heimat erreicht hatte, sondern fuhr – anders, als der Entlassungsschein vorsah und deshalb illegal – einfach weiter, immer weiter. Wie die meisten Ostpreußen hatte er Verwandte im Ruhrgebiet. Tante Minna nahm ihn zähneknir-

*Das Verlobungsfoto (1953)*

schend auf – auch hier waren zusätzliche Esser eher unwillkommen – und versorgte ihn nachkriegsmäßig-dürftig. Und so sieht er selbst auf dem Verlobungsfoto, das ihn 1953 neben meiner vom Krieg verschonten, geradezu pausbäckigen Mutter zeigt, immer noch wie eine „halbe Portion" aus.

Da war er schon Student in Hamburg, seine Familie – sein Bruder war im Krieg „gefallen" – hatte er seit neun Jahren nicht mehr gesehen, und das sollte infolge des Kalten Krieges auch neun weitere Jahre so bleiben.

Mein Vater studierte Theologie am Predigerseminar der Baptisten und war sein Leben lang Baptistenpastor. In Ostpreußen war der Baptismus keine Minderheitssache gewesen, sondern – gerade in Masuren – Mainstream. Hier im Westen war alles anders. Statt „Ich will dich preisen in der großen Gemeinde" (Ps. 22) zu zitieren, tröstete man sich mit „Fürchte dich nicht, du kleine Herde" (Lukas 12), einem Vers, den ich als Kind oft hörte. Was daraus entstand, war eine seltsame Mischung aus Elitebewusstsein und defensiver Grundhaltung, die auch meine Erziehung prägte. Auf der einen Seite stand die Überzeugung, zur kleinen Zahl der Gläubigen mit der einzig wahren, biblisch glasklaren, aber leider wenig verbreiteten Tauferkenntnis zu gehören, auf der anderen Seite das daraus resultierende und oft beklemmende Gefühl, mindestens 95 Prozent der Welt gegen sich zu haben, die eigene Lebens- und Gemeindepraxis also ständig verteidigen zu müssen. Ein eher anstrengendes Leben. Erst als ich selbst Studentin war, beschloss ich, die Tauffrage für eine von vielen Fragen zu halten, und wechselte von der kleinen zur großen Herde. Dennoch dauerte es noch Jahre, bis mich in Sachen Frömmigkeit die defensive Grundgestimmtheit verließ. Der christliche Glaube ist eine Einladung und ein Geschenk, keine Rüstung, die feindlich gesonnene Ritter mir herunterreißen wollen. Ich glaube, inzwischen habe ich es nicht nur kapiert, sondern empfinde es auch so.

Aber vielleicht hatte bei meinem Vater das „Leben aus der Defensive" auch gar nichts mit Konfession und Frömmigkeit zu tun, sondern war ein Kennzeichen seiner Generation?

Eltern und Lehrer hatten ihnen die „Schande der Versailler Verträge von 1918" eingetrichtert, sie selbst fühlten sich von einem Wahnsinnigen verführt und betrogen, jetzt warfen ihnen ihre Kinder das auch noch vor. Unleugbar hatten sie Unglück über einen ganzen Kontinent, hatten Schimpf und Schande über die Deutschen gebracht. Fortan verschanzten sie sich hinter eisigem Schweigen oder einer hartnäckigen „Wer nicht dabei war, kann das nicht beurteilen"-Haltung. Wie sollten sie auch ihren dann doch nur mäßig an Details interessierten Kindern begreifbar machen, dass sie keine überzeugten Nazis, aber auch keine tapferen Widerstandshelden gewesen waren? Nach einigen hochemotionalen Szenen gaben wir Kinder es auf, uns Hitlerzeit und Krieg von unserem Vater erklären zu lassen, und ließen uns lieber von Büchern und Filmen aufklären.

Jetzt, wo mein Vater alt ist, erzählt er zumindest meinem Bruder – von Mann zu Mann! –, wie er den Krieg erlebt hat, einen Krieg, der für ihn abzüglich aller Lazarettaufenthalte nur zwanzig Monate gedauert hat, uns Kindern aber wie seine erste Lebenshälfte vorkam.

In seinen Träumen und in den Fantasien seines alt werdenden Kopfes hat ihn diese Zeit nie losgelassen. Dass er immer noch in Hierarchien denkt und im Geiste die – nur für ihn vorhandenen – Sterne auf den unsichtbaren Schulterklappen seines Gegenübers zählt, ist da nur eine Nebensache, über die wir längst schmunzeln können. Fast erschreckend deutlich wird dagegen in den letzten Jahren, wie sehr ihn nach wie vor der Gedanke beschäftigt, Deutschland sei mit Polen und Russland noch nicht vollkommen ausgesöhnt. Schon als ich Schülerin war, wollte er mich dazu bewegen, slawische Sprachen zu lernen. Ich fand romanische viel interessanter, und im geteilten Europa waren sie ja auch naheliegender. Für ihn sollte es offensichtlich ein Stück stellvertretende Wiedergutmachung sein, eine Sache, die ich damals nicht begriff und die der Vater-Tochter-Beziehung vermutlich auch nicht gedient hätte. Heute bleibt uns nur, ihm von all dem Guten zu erzählen, das wir selbst schon auf Reisen in den europäischen Osten erfahren haben.

War es das arme und harte Leben in der Heimat, der frühe Verlust der Mutter, die schrecklichen Erlebnisse in den wenigen Monaten, die mein Vater am Krieg „teilnahm" (seltsamerweise spricht man ja bis heute von Kriegsteilnehmern, als wäre es ein Spiel oder ein Wettkampf gewesen, an dem man genauso gut auch nicht hätte teilnehmen können), oder war es das alles zusammen? – Mein Vater wurde und blieb Pessimist. Das hieß keineswegs, dass er immer schlechte Laune gehabt oder dass es ihm an Humor gefehlt hätte. Im Gegenteil, mein Vater konnte sehr witzig sein, und es gibt bis heute Dinge, die ihm Spaß machen. Aber es gab einige Überzeugungen, die für ihn unumstößlich waren und in denen er sich durch so ziemlich alles, was er erlebte, hörte und sah, bestätigt fühlte: Die Welt ist ein Irrenhaus. Die Moral wird immer schlechter. Das Abendland geht unter. (Dass „Der Untergang des Abendlandes" ein Buchtitel ist, erfuhr ich erst als Erwachsene. Als Kind dachte ich, es sei ein mehr oder minder fest terminiertes Ereignis.)

Den Anfang vom Ende sah mein Vater oft in kleinsten Dingen, gegen die er sich dann vehement stemmte. Sein „Wehret den Anfängen!" führte besonders in der Zeit, als er Vater von drei Teenagern war, zu einer bedauernswerten mentalen und emotionalen Energieverschwendung. Das Che-Guevara-Poster, das wohl kaum länger als zwei Wochen über dem Bett meines Bruders gehangen haben dürfte, markierte nämlich nicht dessen ersten Schritt auf dem Weg in die RAF.

Obwohl meine Schwester nicht nur sich selbst, sondern auch ihre Puppen gern grell schminkte, ist sie heute nicht Besitzerin eines Nagelstudios. Und dass ich darauf bestand, mit zerrissener Jeans oder eben gar nicht fürs Familienfoto zu posieren, hat mich nicht in der Gosse enden lassen. Es waren Phasen, Zeiten des Übergangs, die meine Mutter – eine grundsätzlich zuversichtlich gestimmte Rheinländerin – auch als solche erkannte. Für meinen Vater war jeder kleine Mist, den wir Kinder machten, und all der große, der in der Welt geschah, möglicher Vorbote größeren Unheils.

Weil mein Vater aber auch in seinem Pessimismus ein frommer Mann blieb, hatte sein düsterer Blick in die Zukunft eine positive Kehrseite: Die stete Erwartung des Schlimmsten inspirierte eine ebenso hartnäckige Dankbarkeit Gott gegenüber. Für Bewahrung, Wohlergehen, Gesundheit, für seine Ehe und Familie dankte er Gott nicht routinemäßig, sondern aus tiefster Überzeugung – ein Dank, der sich auf alles doch überraschend Gute in der Gegenwart bezog, vorbehaltlich des baldigen Untergangs.

Seltsamerweise ging es mir in Sachen Pessimismus anders als in Glaubenssachen. Ich erbte die väterliche Haltung nicht, sondern versteifte mich, ganz im Gegenteil, auf einen chronischen Optimismus, der immer Kontra gab. Noch heute falle ich manchmal in dieses Schema, wenn wir am Kaffeetisch sitzen: Nein, dass die Kinder heute nicht mehr wissen, was der Unterschied zwischen einem Major im Generalstab und einem Oberst ist, heißt nicht, dass sie in der Schule nichts mehr lernen. Nein, dass man im Internet Millionen Pornoseiten findet, bedeutet nicht, dass das Internet ganz und gar in den Krallen der Pornoindustrie ist und man am besten gar nicht mehr ins Netz geht. Nein ... Ich habe ihn nie überzeugt, und ich werde ihn nicht mehr überzeugen. Doch gerade an solchen Tagen schafft mein Vater es, mich zu verblüffen.

Denn plötzlich wird im Gespräch deutlich: Dieser alte Pessimist lebt gern, und er hat immer gern gelebt. Zahlenvernarrt, wie er ist, hatte er sein Leben lang erzählt, dass er tausend Monate alt werden will. „Tausend Monate" war dabei für mich einfach eine Chiffre für „sehr alt". Bis er wirklich schon sehr alt war und wir mal rechneten. Da hatte er die tausend Monate längst überschritten. Ob er ahnte, dass wir daran dachten, aber ihn natürlich nicht darauf ansprechen würden? Jedenfalls sagte er an einem Weihnachtstag zu meinen Töchtern: „Wisst ihr, manchmal wache ich nachts auf und muss raus. Und wenn ich dann wieder zurückgehe und unter meine warme Decke krieche, dann denke ich: Das Leben ist doch sehr schön!"

Was sein Leben schön gemacht hat, das war neben der warmen Decke, der Freude an seinem Beruf und dem Zusammenhalt seiner Familie wohl vor allem die große Zahl von guten Freunden. Mein Vater ist ein treuer Freund, der viele Freundschaften gestiftet und gepflegt hat. Er hat dabei unzählige Stunden seines Lebens im Gespräch verbracht – anders als die meisten Männer vor allem am Telefon. Er weiß bis heute, wie es seinen Lieben – weit über die Familie hinaus – geht, erkundigt sich, nimmt Anteil und überlegt, was er praktisch tun kann, um den, der es braucht, zu unterstützen.

Auch auf seine alten Tage oder vielleicht jetzt erst recht ist mein Vater

*Friedrich Malessa (1924–2011)*

sich selbst treu. Er reist nicht mehr und ignoriert dabei Klimazonen. Jetzt sind es die Jahreszeiten, die er mit Verachtung straft. Hemd, Krawatte, Pullover, Jackett hält er für ganzjährig angemessen. Und er ist immer noch ein Pfiffikus: Wenn die Pflegerin kommt, die ihn waschen und anziehen soll, sitzt er schon korrekt gekleidet auf dem Sofa. Er hat allen, die meinen, er müsse gepflegt werden, ein Schnippchen geschlagen. Jetzt muss er der Pflegerin nur noch die Herrnhuter Losung vorlesen, dann kann ein neuer Tag jenseits der tausend Monate beginnen.

*Hanna Schott, geborene Malessa, Jahrgang 1959, studierte nach einer Ausbildung zur Buchhändlerin Musikwissenschaft, Romanistik und Theologie und lebt heute als freie Autorin und Redakteurin in Haan/Rheinland.*
*www.hanna-schott.de*

# Silke Stattaus

# Der Junggebliebene

Es ist Sonntag, nach dem Gottesdienst. Wir stehen auf dem Hof und plaudern, mein Vater und ich. Sein weißes Haar fliegt im Herbstwind. „Du siehst heute wieder wie Einstein aus!", necke ich ihn. „Ja, ja, typisch euer Vater!", lacht er und versucht seine immer noch stattliche Haarpracht zu bändigen. Vater ist inzwischen 92 Jahre alt. Je älter er wird, desto mehr fallen mir seine blitzblauen Augen auf. Manchmal sind sie etwas müde, meist aber wach und munter. Sie strahlen eine große Güte aus. Klar, die Spuren seiner 92 satten Lebensjahre sind nicht zu übersehen. Trotzdem geht es ihm seinem Alter entsprechend gut.

Wir schwatzen an diesem Morgen über Gott und die Welt. Da fällt mir wieder ein, was ich mir in dieser Woche vorgenommen habe: Ich möchte meinem Vater Danke sagen für das, was ich durch ihn sein darf und was er mir in vielen Jahren liebevoller Begleitung geschenkt hat. In letzter Zeit habe ich mit so vielen Frauen gesprochen, die durch eine schlimme Beziehung zu ihrem Vater ein Leben lang leiden. Ihre Geschichten haben mir deutlich gemacht, wie

*Die Eltern Hubrig mit ihren vier Töchtern (1960)*

127

gut ich es habe. Deshalb will ich meinem Vater nicht erst an seinem Sarg danken, sondern heute, wo er lebt und sich über jeden, manchmal schon etwas beschwerlichen Tag freut.

Als ich gesagt habe, was ich mir vorgenommen hatte, lächelt er und nimmt mich in den Arm. „Ach, Mädchen, was habe ich denn schon Besonderes gemacht?"

Ja, was hat unser Pappi – so nennen wir ihn bis heute – schon Besonderes gemacht?

Für uns – meine beiden älteren Schwestern, meine Zwillingsschwester und mich – hat er immer ein offenes Ohr und Herz. Wenn auch manchmal etwas wenig Zeit. Seine Zahnarztpraxis führt er über vierzig Jahre in Lutherstadt Wittenberg, auch zu schwierigen DDR-Zeiten. Die Praxis lässt ihm wenig Spielraum für Privates. Dazu kommt eine ehrenamtliche Leitungsaufgabe in einer christlichen Gemeinde. Und doch habe ich das Gefühl, das er immer für uns da ist. Jeden Morgen bereitet er uns das Frühstück, bemalt die Frühstückseier mit lustigen Gesichtern, kocht leckere Mehlsuppe, würzt die Butterbrötchen mit Maggi. Niemals wieder hat mir das Frühstück so gut geschmeckt!

Jeden Tag betet er für uns, bevor wir zur Schule gehen. Er bittet Gott, dass er uns begleitet und hilft. Ist eine von uns krank, betet er um Gesundheit. Und immer verabschiedet er uns mit einem liebevollen Kuss. „Gehab dich wohl!", sagt er – und wir gehen zuversichtlich in den Tag.

Legen wir ihm abends einen Zettel mit der Bitte um Milchgeld oder eine Unterschrift auf seinen Schreibtisch, dann findet sich dieser Zettel am nächsten Morgen, manchmal mit korrigierten Rechtschreibfehlern, wieder auf unserem Teller; die Bitte ist erfüllt.

Vater hat seinen eigenen Duft, der sich aus einer Mischung von Zahnarztpraxis und Aftershave zusammensetzt. Es klingt seltsam, aber genau dieser Duft gibt mir das Gefühl, bei ihm zu Hause zu sein.

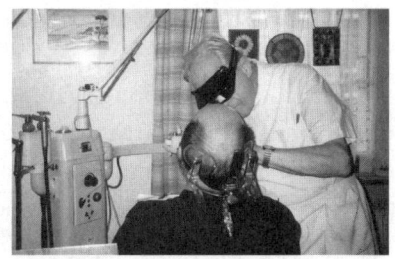

*Wolfgang Hubrig (\*1918) in seiner Praxis*

Ich kann mich nicht erinnern, dass Vater jemals viele Worte macht. Aber ich kann mich sehr wohl daran erinnern, dass er immer sein Wort hält. Das gilt auch, wenn er Strafen androht. Zum Beispiel, als meine Zwillingsschwester und ich wieder einmal voll Vergnügen mit unseren kleinen Holzrollern den zwölf Meter langen Wohnungsflur entlang flitzen. Dumm nur, dass die Zahnarztpraxis unseres Vaters Teil der Wohnung ist. Deshalb gilt das eiserne Gebot, dass wir uns während der Sprechzeiten leise zu verhalten haben.

„Ihr kriegt es mit mir zu tun!", droht er, wenn wir uns wieder nicht an die Absprache halten. Haben wir es vergessen oder wollen wir prüfen, ob Vater es ernst meint? Ich weiß es nicht mehr. Aber ich sehe ihn noch, wie er aus der Praxis stürmt, uns ins hinterste Zimmer befördert und uns eine gehörige Standpauke erteilt. Dabei erinnere ich mich nicht in erster Linie an die angemessene Strafe, die natürlich folgt, sondern an den Respekt, den mir mein Vater einflößt: Vater hält, was er verspricht!

Mein Vater spielt wenig mit uns. Weil ich eine Zwillingsschwester habe, ist das aber nicht schlimm; ich habe ja meine Spielkameradin immer in der Nähe. Mein Vater bastelt, werkelt oder arbeitet eher mit unseren großen Schwestern in der Werkstatt und dem Wochenendhaus. Sie sind fünf und sieben Jahre älter als wir. Wir beide laufen ein bisschen nebenher, wie das manchmal so ist bei kleinen Geschwistern. Aber das stört uns nicht. Denn wenn wir Vater wirklich brauchen, dann ist er auch erreichbar.

Vater reist gerne. So starten wir öfter mal zu Ausflügen in größere Städte. Leipzig, Dresden oder Berlin stehen auf dem Besichtigungsprogramm. Vater packt seine Familie in den „Wartburg" und fährt mit uns zu Museen, zu Aussichtstürmen oder in den Harz. Manchmal bummelt er einfach nur mit uns durch die Geschäfte. Und als Höhepunkt gibt's fast immer ein Abendessen im Restaurant. Der blanke Luxus.

Vater erzählt selten etwas aus seiner Vergangenheit als Soldat. Wir wissen, dass er im Krieg in Nordafrika war und in einem Fotolabor gearbeitet hat. Er musste dort Luftaufnahmen entwickeln und auswerten. Mehr weiß ich nicht.

In dieser Zeit fallen wichtige Entscheidungen für sein Leben. Theo ist ein Kommilitone. Er ist Christ und erzählt ihm von seinem Glauben an Jesus. Vielleicht sind es die Gespräche mit ihm, vielleicht aber auch der Ernst der Lage, der meinem Vater bei der Entscheidung hilft, sein Leben bewusst in Gottes Hand zu legen.

Wie konkret sich diese Entscheidung auf weitere Entscheidungen auswirkt, spürt er, als es um die Frau seines Lebens geht. Vater wünscht sich eine Partnerin, die Christin ist, und natürlich eine, die zu ihm passt. Theo hat eine Idee: Edith, die Freundin seiner Frau, sucht auch einen Lebenspartner. Und sie ist Christin. Nach Theos Meinung sind das hinreichende Voraussetzungen, um die beiden in Kontakt zu bringen. Er tut es mit einem Brief, und die beiden fangen an, füreinander zu beten – er in Afrika, sie im Sauerland. Vater probiert ganz praktisch aus, was es heißt, Gott zu vertrauen.

Im ersten (!) Brief, den er an Edith schreibt, bittet er sie um ihre Hand. Und sie sagt Ja, noch bevor sie ihn ein erstes Mal gesehen hat. Von nun an gehen viele Briefe hin und her. Sie sind Wochen unterwegs, und sie erzählen in Geschichten und Gedichten von dem, was beide erleben und was sie bewegt. Erst 1946, nach dem Ende des Kriegs, begegnen sie sich ein erstes Mal. Vaters Hobby sind Goldschmiedearbeiten. Entsprechende Fähigkeiten hat er sich angeeignet, als er vor dem Zahnmedizinstudium den Beruf des Zahntechnikers erlernt hat. Das erste Schmuckstück, das Vater für Edith anfertigt, ist der Verlobungsring. Den streift er ihr beim Antrittsbesuch in Ediths Familie über den Finger. Er passt, ohne dass Vater jemals das Ringmaß erfragt hätte.

Es ist die Zeit der „grünen Grenze": Deutschland ist geteilt, aber man kann noch von West nach Ost reisen – und auch umgekehrt. Zwei Jahre lang besuchen sich die Verlobten hin und her unter schwieriger werdenden Bedingungen, weil sich die beiden deutschen Staaten immer weiter auseinanderentwickeln. Schließlich, 1948, heiraten sie im Sauerland – aber danach folgt Edith ihrem Mann in den Osten, dorthin, wo seine Verwandtschaft lebt und wo er nun die Zahnarztpraxis seines Vaters übernimmt.

Einige Jahre später wird die erste Tochter geboren. Die Teilung Deutschlands und die damit verbundenen Probleme sind oft eine harte Belastungsprobe für ihre Ehe und Familie. Ediths Verwandtschaft lebt ausnahmslos im Westen. Aus „Angst vor den Russen" trauen sich nur ihre Mutter und eine Schwester, einmal im Jahr einen Besuch hinter dem „eisernen Vorhang" zu machen. Die anderen Geschwister lernen Ediths neue Heimat nie kennen. Und die Freunde dürfen nicht kommen, jedenfalls nicht in den ersten Jahren. Selbst zu den Beerdigungen ihrer Mutter und ihrer Schwester darf Edith nicht in den Westen reisen. Trotzdem sind unsere Eltern 53 Jahre glücklich verheiratet.

Wir Kinder hören die wundersame Geschichte ihrer Liebe erst, als wir kurz vor der Konfirmation stehen. Sie ist unseren Eltern sehr kostbar, und sie wollen sicher gehen, dass wir sie auch verstehen und hüten.

Als ich mit 18 Jahren erwachsen werde, erhalte ich einen ernstgemeinten Heiratsantrag. Ich weiß nicht, ob ich Ja sagen soll. Wir kennen uns schon länger und sind befreundet, seit ich 15 bin. Wir haben uns auf einer Jugendfreizeit kennengelernt. Aber jetzt schon heiraten? Das ist doch sehr früh, auch wenn die jungen Leute in der DDR aus unterschiedlichen Gründen sehr viel eher heirateten, als es heute üblich ist.

Ich bitte Gott, mir zu zeigen, was ich machen soll. Ein Seelsorger, mit dem ich viele Gespräche führe, gibt mir einen Rat: „Sprich mit deinem Vater. Er ist ein weiser Mann. Er kennt dich und wird dir helfen." Also schleiche ich mich an einem Samstagabend, als die ganze Familie mit Ausnahme meines Vaters vor dem Fernseher versammelt ist, zu ihm und schütte ihm mein Herz aus. Um diese Uhrzeit sitzt er gerne ungestört am Schreibtisch und arbeitet. Bevor ich zu ihm gehe, bitte ich Gott um Weisung. Ich beschließe für mich, dass die Antwort meines Vaters meine Antwort sein soll. Er weiß davon nichts. Nachdem er mir aufmerksam zugehört hat und wir über manche Bedenken gesprochen haben, sagt er beherzt: „Mädchen, nimm den Rudolf! Einen besseren kriegst du nicht!" Zwei Jahre später heiraten wir. Das ist nun 34 Jahre her, und bis heute bin froh über den väterlichen Rat.

Es folgen viele Jahre, in denen wir nah bei meinen Eltern leben, und doch bewahren wir uns die Distanz, die für ein gutes Miteinander hilfreich ist. Zugegeben, manchmal hat es mein Mann schwer, neben diesem „tollen Vater" zu bestehen. Aber beide nehmen es locker und freuen sich, dass sie sich in ihren Fähigkeiten ergänzen: Vater hilft bei medizinischen Problemen, mein Mann bei praktischen.

Dann wird unsere Mutter schwer krank. Zunehmend spüren wir, wie auch ihr Lebenswille schwindet. Während eines kurzen Krankenhausaufenthaltes schläft sie ruhig für immer ein.

Was wird nun aus Vater? Wir Schwestern halten Rat und machen meinem Vater Vorschläge. Aber die will er nicht hören. Danke, er kommt zurecht. Aber die Einsamkeit macht ihm zu schaffen. Deshalb freut er sich über Besuch in seiner schönen, hellen Wohnung. Wir unterhalten uns zwar viel mit ihm, aber wir können den Verlust natürlich nicht ausgleichen. Unsere Mutter war ihm offenbar eine gute Zuhörerin. In dieser Zeit wird er mir wieder in manchen schwierigen Entscheidungen zu einem wertvollen Ratgeber.

Mein Vater versorgt sich weiterhin selbst; körperlich fehlt ihm ja nichts. Manchmal sagen wir scherzhaft: „Wir können dich gar nicht pflegen, du bist ja nie da!" Nachdem die schlimmste Trauer abgeklungen ist, hat sich nämlich sein Unternehmungsgeist wieder blicken lassen. Mit 85 Jahren baut Vater seinen Golf 2 zu einem Wohnmobil um. Er tüftelt und werkelt, damit Fahrrad und Campingausrüstung hineinpassen. Und dann geht's auf verschiedene Campingplätze, die er schon immer einmal besuchen wollte. Unsere Mutter war von so etwas nicht begeistert; ihr zu Liebe hat er darauf verzichtet. Aber nun sucht er die Orte seiner Jugend auf: Hier verbrachte er die Ferien, dort war er im Internat. Auf seinen Touren bringt er mit seinem „Wohn-Golf" manchen Campingplatzmeister zum Staunen. Und seine Enkel lassen sich gerne für den coolen Opi bewundern.

Dann überreden wir ihn, wieder zu einer Seniorenfreizeit zu fahren,

*Heiraten und Ballonfahren – mit 90 Jahren!*

so wie früher, als er mit unserer Mutter unterwegs war. Dort lernt er Ingrid kennen. Beide fassen den mutigen Entschluss, an seinem 90. Geburtstag zu heiraten – und er bekommt von seiner Frau eine Ballonfahrt über den Fläming geschenkt.

Als wir einmal in der Bibelstunde unserer Gemeinde nebeneinander sitzen, liegt vor ihm seine aufgeschlagene Bibel. Manche Verse sind farbig markiert, andere unterstrichen. Auf den Seitenrändern hat er mit Bleistift Notizen gemacht. Ich überlege, was wohl aus diesem kostbaren Buch wird, wenn er nicht mehr lebt. Mir kommt eine Idee. Ich nehme ein Lesezeichen aus meiner Bibel und schreibe darauf: „Darf ich in deiner Bibel weiterlesen, wenn du im Himmel bist?" Ich schiebe ihm das Lesezeichen zu. Er nimmt es und liest. Dann steckt er es lächelnd weg.

Am nächsten Tag finde ich das Lesezeichen in meinem Briefkasten wieder. Vater ist offensichtlich zu uns gefahren und hat es hineingeworfen, ohne zu klingeln. Mit deutlichen Buchstaben steht über meiner Frage: „Erbschein!" Darunter das Datum und seine Unterschrift.

*Silke Stattaus, geborene Hubrig, Jahrgang 1957, ist gelernte Physiotherapeutin. Nach einer Familienphase ist sie heute als Referentin bei „Frühstücktreffen für Frauen in Deutschland e.V." aktiv und seit 2008 auch Vorsitzende des Vereins. Daneben hält sie als freie Mitarbeiterin Rundfunkandachten bei MDR 1, Radio Sachsen-Anhalt und ERF.*

# Antje Rein

# Der Beharrliche

Mitten in den Wirren des Zweiten Weltkriegs stieß mein Vater 1940 seinen ersten Schrei aus. Gehört wurde er von seiner Mutter und vielleicht von Hebamme und Pflegern, die ihr im Krankenhaus Zwickau in Sachsen bei der Geburt ihres dritten Kindes beistanden. Die beiden älteren Schwestern warteten schon zu Hause, um den kleinen Bruder willkommen zu heißen. Auch der Vater, Inhaber eines Strickereibetriebes, war stolz, nun endlich den ersehnten Stammhalter und, wie sich später zeigen würde, auch den Firmennachfolger in den Armen halten zu können.

So wie mein Vater mit mir – 27 Jahre später – wird auch mein Großvater mit dem Neugeborenen durch die Strickerei gelaufen sein und ihn allen Angestellten gezeigt haben. In solch einem Familienbetrieb ist man sich nahe und teilt nicht nur die Arbeit, sondern auch Privates miteinander.

Wie sehr sich die Welt, in die der kleine Wolfgang hineingeboren wurde, in den folgenden siebzig Jahren seines Leben verändern sollte, konnte damals keiner ahnen. Man war damit beschäftigt, die Strickerei am Laufen zu halten und die so dringend benötigten warmen Socken für die Soldaten an der Front zu produzieren. Fünf Jahre später sollte der Spuk endlich ein Ende haben, und auch die Familien im Erzgebirge hofften auf bessere Zeiten.

Ab 1946 stand für meinen Vater der Besuch der Grundschule in Bärenwalde an. Acht Schuljahre sollten insgesamt daraus werden. Der Krieg war vorbei und die „russische Besatzungszone" entwickelte sich langsam zu dem, was später DDR hieß. In die Schule in Bärenwalde ging ich 27 Jahre später auch, allerdings unter völlig anderen Voraussetzungen.

Wenn ich versuche, mir die Kindheitsjahre meines Vaters vorzustellen, kommen mir viele Familienerzählungen in den Sinn. Wolfgang, der Jüngste, war umgeben von einem ganzen Schwarm von Frauen: Mutter, Schwestern, Haushaltshilfe, Arbeiterinnen in der Strickerei, Flüchtlingsfrauen, die im Haus untergekommen waren – jede wollte mit erziehen und sich kümmern. Auch später hatte mein Vater immer viel mit Frauen zu tun: Er wurde Vater von zwei Töchtern und Leiter eines reinen Frauenbetriebes. „Mann" musste darauf achten, sich inmitten dieser Fülle von Weiblichkeit seinen Platz zu verschaffen. Das ging nicht immer ohne das eine oder andere deutliche Wort ab.

In einen Familienbetrieb hineingeboren zu werden, hat manche Vorteile. Die Eltern sind immer in der Nähe, man bekommt viel Zuwendung und erfährt Interesse von einer großen Gemeinschaft. Es gibt für ein Kind Vielfältiges zu entdecken, und langweilig wird es nie. Die Eltern sind allerdings auch immer beschäftigt, und „der Betrieb" ist tagaus tagein Thema, ob beim Essen oder in der Freizeit. Genau wie mein Vater habe auch ich als Kind die verschiedenen Seiten kennengelernt, die eine so enge Verknüpfung von Arbeit und Leben mit sich bringt.

Für meinen Vater standen nach der Schulzeit erst einmal die Ausbildungsjahre an. Mit dem von ihm geforderten späteren

*Wolfgang Werner (*1940) an der Strickmaschine*

Einsatz in der väterlichen Firma vor Augen lernte er zunächst Maschinenschlosser. Vom heimatlichen Dorf ging es in die Großstadt, nach Chemnitz am nördlichen Rand des Erzgebirges. Die Stadt war gerade dabei, sich von den zerstörerischen Luftangriffen der Alliierten zu erholen, und die Bewohner mussten sich 1954 daran gewöhnen, dass ihre Stadt seit einem Jahr einen neuen, einen sozialistischen Namen trug: Karl-Marx-Stadt. Diesen Namen sollte sie bis zur politischen Wende 1989 behalten.

1956 schloss sich für meinen Vater eine zweite Ausbildung an: Er lernte Flachstricker, damit er die Strickmaschinen nicht nur reparieren, sondern auch bedienen konnte. 1961 legte er seine Prüfung als Flachstrickermeister ab. Später erzählte er uns Töchtern, wie er in dieser Zeit auch das Stricken mit der Stricknadel lernen musste.

Denke ich an die verschiedenen Berufsausbildungen meines Vaters, entdecke ich Parallelen zu mir. Ich habe auch einige Ausbildungen hinter mich gebracht, bis ich dort landete, wo ich mich beruflich rundum wohl fühlte.

Veränderungen, nicht nur positiver Art, prägten auch weiterhin das berufliche Leben meines Vaters. Beim Schreiben wird mir deutlich, dass mich dieser Teil seines Lebens am meisten berührt und beschäftigt, denn er ist doch ganz eng mit meiner eigenen Geschichte verbunden. Nach Abschluss der Meisterprüfung wurde mein Vater mit 21 Jahren Mitinhaber des väterlichen Betriebs, der 1903 vom Großvater gegründet worden war. Das sollte elf Jahre so bleiben. Während dieser Zeit ging er ins vogtländische Morgenröthe-Rautenkranz auf „Brautschau", wie man in meiner Heimat sagt, und war damit auch durchaus erfolgreich. Beim Dorffest lernt er 1964 eine wirklich hübsche und intelligente junge Frau kennen und holte sie schon ein Jahr später durch die Heirat zu sich nach Hause. Es passte gut, dass seine Braut auch aus einem Familienunternehmen stammte und eine kaufmännische Ausbildung hatte. So wurde der Grundstein für viele Jahre gemeinsamen Lebens und Arbeitens gelegt, die meine Eltern bis heute miteinander verbinden. Für uns Kinder bedeutete das, immer beide Elternteile greifbar zu haben und im Betrieb genauso zu Hause zu sein wie in der Familie.

Der christliche Glaube spielte in beiden Familien schon von je her eine Rolle: Man gehörte zur evangelischen Kirche, die Kinder wurden getauft, und auch im Alltag hatten Gebet und Bibellesen einen Platz. Sehr eindrücklich für meinen Vater muss in den fünfziger Jahren der Besuch einer christlichen Freizeit des CVJM auf Norderney gewesen sein. Die Grenze zwischen Ost- und Westdeutschland war noch durchlässig, und so entstand zwischen dem Freizeitleiter und meinem Vater eine Freundschaft, die bis heute anhält.

Einer sehr harten Belastungsprobe wurde die junge Familie 1972 ausgesetzt, da war schon eine zweite Tochter geboren.

An einem ganz normalen Wochentag, an dem wie immer in der Strickerei gearbeitet wurde, tauchten zwei Männer vom „Rat des Kreises" im Büro meines Vaters auf. Die Regierung der DDR hatte beschlossen, dass es nun Zeit sei, auch kleine und mittlere Betriebe in Volkseigentum zu überführen. Den beiden Firmeninhabern wurde mitgeteilt, dass der Staat von nun an Eigentümer des Betriebes sei und dass dieser ihnen für rund 2000 Mark abgekauft werde. Widerspruch war nicht möglich, zu stark waren die Eindrücke, die die Gefangennahme des Vaters meiner Mutter durch die DDR-Oberen hinterlassen hatten. Mit dem DDR-Regime war nicht zu spaßen, das wusste inzwischen jeder. Dass man als Unternehmer mit rund zwanzig Angestellten zum „Ausbeuter und Kapitalisten" gestempelt wurde und damit automatisch regimefeindlich war, hatte man einfach hinzunehmen.

Es folgten Jahre der „sozialistischen Umgestaltung" unseres Familienbetriebes. Mein Vater durfte weiterhin die Leitung behalten, hatte sich aber stets der staatlichen Kontrolle und den Planvorgaben zu unterwerfen. Nicht der Markt bestimmte, was produziert wurde, das übernahm die sozialistische Planwirtschaft. In gewisser Weise waren wir mit der Herstellung von Strickwaren dabei sogar gut positioniert, denn der Bedarf war riesig, und Importe aus dem Ausland gab es damals noch nicht.

Nach acht Jahren hatte man dann aber mit der „Strickerei Werner", inzwischen „VEB Strickmoden Bärenwalde" andere Pläne. Zugeordnet zu einem „Kombinat" war die Strickerei nun nur noch eine Abteilung und mein Vater der Abteilungsleiter. Die Konflikte, die daraus entstanden, erlebten wir als Kinder am Familientisch hautnah mit. Es fiel meinem Vater nicht leicht, sich dem neuen Vorgesetzten und den daraus folgenden Veränderungen unterzuordnen. Im Nachhinein kann ich nur erahnen, wie das alles erneut die Würde und das Selbstverständnis meines Vaters angegriffen haben muss. Er wählte trotzdem den Weg, nach außen – so weit wie möglich – gute Miene zum bösen Spiel zu machen und sich unterzuordnen. Uns Kindern wurde immer wieder gesagt, wie wichtig es sei, das, was in der Familie besprochen wurde, bloß nicht nach außen dringen zu lassen.

Mir brachte das manche Konflikte ein, und nicht immer hielt ich mich an diese Regel. Ich war inzwischen ein Teenager und wollte in meinen „Sturm-und-Drang-Jahren" nicht einfach zu allem, was ich an Unrecht erlebte, schweigen. Unterstützt durch unseren Pfarrer und die Junge Gemeinde nahm ich an der Aktion „Schwerter zu Pflugscharen" teil und trug, wie viele junge Christen in der DDR damals, den entsprechenden Aufnäher auf meinem Parka. Meinem Vater brachte das ein Gespräch mit dem Bürgermeister ein, und zu Hause erhielt ich die entsprechende Abreibung. Zu groß war die Angst, politisch angreifbar zu werden und vielleicht auch noch Haus und Hof zu verlieren. Ich konnte und wollte die Bedenken meines Vaters damals nicht verstehen. Mein Gerechtigkeitsempfinden, das wahrscheinlich schon deutlich mehr von dem in unserer Familie erlittenen Unrecht mitbekommen hatte, als mir bewusst war, rebellierte dagegen. Die Spannungen zwischen meinem Vater und mir lagen fortan für Jahre wie ein Schatten auf der Vater-Tochter-Beziehung. Später kam hinzu, dass ich mich auch beruflich nicht in die vorgegebene Spur einordnen wollte. Das Durchsetzungsvermögen meines Vaters hatte ich offensichtlich geerbt, und so krachten oft genug zwei Hitzköpfe aufeinander. Meine Mutter und Schwester standen auf der anderen Seite und versuchten auf ihre Weise, den Konflikt zu entschärfen.

Heute sehe ich, dass ich durchaus stellvertretend für die ganze Familie zwischen die Fronten geriet und den Mund aufmachte. Dass es dabei für uns alle so glimpflich abging, kann man nur als Bewahrung Gottes deuten. Es hätte auch ganz anders kommen können.

Trotz all dieser Erfahrungen gab es in unserer Familie nie ein Gespräch über eine mögliche Ausreise in den Westen Deutschlands. Zu stark war die Verwurzelung in der Großfamilie, in der Region und auch im Betrieb. Vielleicht war es auch eine stille Art von Protest, die meine Eltern da lebten, quasi unter der Überschrift: Uns werdet ihr nicht so schnell los. Wir bleiben hier und bieten euch auf unsere Weise die Stirn.

Ab 1985 konnten sie ihr Beharrungsvermögen noch einmal ganz besonders unter Beweis stellen. Da gründeten sie – klein und ganz für sich – erneut eine private Strickerei. Kleine Handwerksbetriebe wurden in dieser Zeit wieder eher geduldet; man wollte mit ihnen die Versorgung der Bevölkerung sicherstellen. Bevor er sich erneut selbständig machen durfte, musste mein Vater einige Monate als Arbeiter in seinem „eigenen" Betrieb arbeiten. Leitender Angestellter durfte er in dieser Zeit nicht sein. Er kündigte also seine Stelle als Abteilungsleiter und stellte sich – unter den interessierten Blicken seiner Arbeitskolleginnen – selbst an die Handstrickmaschine.

Als das geschafft war, konnte im Keller unseres neu gebauten Einfamilienhauses ein kleiner Gewerberaum eingerichtet werden, und nun begannen glückliche Jahre. Der Bedarf an Strickwaren war riesig, viele Kunden nutzten den besonderen Service meiner Eltern und ließen sich gestrickte Pullover, Jacken oder auch Mützen und Schals nach Maß und eigenen Material- und Farbvorstellungen anfertigen. Ich sehe meinen Vater noch an einer der beiden Strickmaschinen stehen, während meine Mutter mit Zuschnitt und Zusammennähen beschäftigt ist: Jetzt sind sie beide wieder „ihr eigener Herr"!

Ich selbst war damals siebzehn und schon auf dem Weg „nach draußen" – bei einer Lehre im Erzgebirge. Handklöpplerin wollte ich werden, ein zu DDR-Zeiten ebenfalls sehr begehrter Beruf. An ein Abitur, das von den Noten her durchaus drin gewesen wäre, war nicht zu denken. Dazu war ich politisch in Schule und Lehrzeit zu auffällig geworden. Für meinen Vater muss es nicht leicht gewesen zu sein, seine große Tochter loszulassen und zu sehen, dass sie eben nicht in die familiären Fußstapfen tritt. Als ich mich dann vier Jahre später entschloss, ein gemeindepädagogisches Studium (damals: Ausbildung zur Katechetin/Gemeindehelferin) zu beginnen, brachen erst recht heftige Konflikte zwischen uns aus.

Mit der „Wende" 1989 begann für meinen Vater eine Zeit der Rehabilitierung. Der Familienbetrieb ging schon ein Jahr später wieder in den Besitz meiner Eltern über, und ein Neustart der Firma in den ehemaligen Räumen konnte beginnen. Allerdings ließ zeitgleich die Nachfrage nach maßgestrickter Bekleidung rapide nach, denn man konnte plötzlich überall eine Vielfalt an sehr preiswerten Kleidungsstücken kaufen. Der erhoffte Aufschwung blieb deshalb zwar aus, aber meine Eltern fanden für die Produktion ihrer Strickwaren immer wieder Nischen. Ihrer Kreativität und Zähigkeit ist es zu verdanken, dass es die „Strickerei Werner" auch heute noch gibt. Aus gesundheitlichen Gründen arbeitet mein Vater nicht mehr mit, aber meine Mutter ist immer noch aktiv im inzwischen einzigen in Deutschland ansässigen Betrieb, der „Kließsackeln" herstellt, der Säckchen zum Pressen der rohen geriebenen Klöße für die berühmten Thüringer und Vogtländischen Kartoffelklöße.

*Später Ruhm für die Strickerei Werner*

Als Tochter habe ich viele Jahre lang einen sehr einseitigen Blick auf meinen Vater gerichtet: Ich sah seine Strenge und Direktheit, seinen Wunsch, mir immer wieder meinen Weg vorschreiben zu wollen. Aus seiner Sicht wollte er damit nur das Beste erreichen: den Familienbetrieb erhalten und mich dabei an seiner Seite wissen. Meine Entscheidung, ganz eigene berufliche Wege zu gehen, muss ihn zunächst sehr verletzt haben. Nachdem er jedoch miterlebte, wie ich nach und nach meinen eigenen Weg zusammen mit meinem Mann und unseren Kindern fand, versöhnte er sich Schritt für Schritt damit. So ganz konnte er den Traum vom Weiterleben der Firma aber nie aufgeben; unermüdlich versuchte er, jedem seiner sechs Enkel seine Vision mit auf den Weg zu geben. Von uns Kindern wurde er dafür manchmal belächelt, sich selbst blieb er damit aber ganz und gar treu.

Seine liebevollen Seiten hat mein Vater uns Töchtern immer wieder gezeigt, wenn er Geschenke oder kleine Besonderheiten von den verschiedenen Dienstreisen mitbrachte. Manchmal durfte ich auch mitfahren und in die Berufswelt der Erwachsenen eintauchen. Nicht immer fand ich das lange Warten und die Gespräche wirklich aufregend, aber ich bekam einiges mit und fühlte mich schon ein bisschen „groß". Geschenke und gemeinsame Unternehmungen sind bis heute auch für mich die besondere „Liebessprache", die ich gerne auch an meine Kinder weitergebe. Gelernt habe ich von meinem Vater auch, mich in der Öffentlichkeit zu zeigen und öffentlich zu sprechen. Als Kind gab er mir vor Vorträgen immer den Tipp, mir alle Zuhörer ohne Bekleidung vorzustellen. Er selbst hat manche öffentliche Rede gehalten und wusste sich immer auszudrücken.

Wichtig war meinem Vater auch, mir eine gewisse Sicht von Freiheit und Unabhängigkeit mitzugeben. So ermutigte er uns Töchter schon ganz früh, den Führerschein zu machen, um mit dem Moped und später dann auch mit dem Auto unterwegs sein zu können. Ihm war es wichtig, dass wir auch als Frauen finanziell auf eigenen Füßen stehen und beruflich vorankommen. Diesen Wunsch konnte ich ihm zumindest teilweise erfüllen. Nicht zuletzt hat er sein Leben lang die Liebe zu seinem Handwerk ausgelebt. Er war mit Leib und Seele Strickermeister und hat sich ganz dieser Arbeit gewidmet. Nichts und niemand, kein DDR-Regime und keine Nachwendekrisen konnten ihn davon abhalten, seinem Beruf treu zu bleiben. Von dieser Hartnäckigkeit habe ich einiges übernommen und sehe es auch in meinen Kindern aufblitzen. Dass es für die Umgebung nicht immer leicht auszuhalten ist, wenn sich jemand auf diese Weise treu bleibt, ist eine andere Sache. In meiner Mutter hat mein Vater auf jeden Fall eine Frau gefunden, die diesen Weg durch alle Höhen und Tiefen mitgeht. Mein Vater rechnet ihr das hoch an und lobt sie vor uns Kindern immer über den grünen Klee. Er liebt ihre Kochkünste und überlässt sich gerne ihrer Fürsorge.

Für uns als Kinder und Enkel und auch für seine Frau beginnt nun die Zeit, in der wir uns von dem „alten" Vater und Ehemann, der er früher einmal war, verabschieden müssen. Durch eine unheilbare Krankheit hat er sich in seiner Persönlichkeit verändert – durchaus auch in positiver Weise: Er ist liebevoller und freundlicher geworden, fragt nach unserem Befinden und möchte uns gerne in seiner Nähe haben. Dass das nicht immer so möglich ist, macht ihn oft traurig. In seiner gewohnten Umgebung fühlt er sich wohl und sicher und genießt nach wie vor die Dinge, die ihm früher schon wichtig waren.

Mein eigener Blick auf meinen Vater ist dadurch noch einmal ganz und gar verändert worden. Ich sehe das Gute, das er mir mitgegeben hat, und fühle mich für den Rest selbst verantwortlich. Ich kann barmherziger mit seiner Härte umgehen und fühle mit, wie viele Einschränkungen er im Laufe seines Lebens hinnehmen und verarbeiten musste. In all dem ist er mir zum Vorbild geworden und ich hoffe, dass ich „Ererbtes" in guter Weise an meine Kinder weitergeben kann.

*Antje Rein, geborene Werner, Jahrgang 1967, arbeitet freiberuflich als Systemische Therapeutin, Referentin und Autorin in eigener Beratungspraxis (www.lebens-nah.de). Sie wohnt mit ihrer Familie in Oebisfelde in Sachsen-Anhalt.*

# Doro Zachmann

# Der Schweiger

10. Dezember 2008, nach 22 Uhr.

Schon die Uhrzeit verhieß nichts Gutes. Die belegte Stimme meines Bruders am Telefon unterstrich die bösen Vorahnungen. „Doro, ich habe schlechte Nachrichten. Vati ist tot!"

Der Schock saß tief, und ich war zunächst wie gelähmt. Als mir die Bedeutung dieser Worte einigermaßen klar wurde, fasste ich den Beschluss, alles stehen und liegen zu lassen, und fuhr noch in der Nacht los, begleitet von meinem erwachsenen Neffen, um von meinem Vater Abschied zu nehmen und möglichst schnell bei meiner Mutter zu sein. Während der zweistündigen Autofahrt ließ ich meinen Tränen freien Lauf und betete, Gott möge meinen Vater mit offenen Armen in Empfang nehmen.

Um zwei Uhr nachts angekommen, fiel ich meinem jüngeren Bruder und seiner Frau in die Arme. Es brauchte keine Worte, um unseren gemeinsamen Schmerz auszudrücken. Sie führten mich in das Wohnzimmer meiner Eltern, wo mein Vater auf dem Sofa lag. Ich werde nie vergessen, wie ich beim Anblick des Toten schluchzend in die Knie ging.

Mein Vater lag auf seinem Lieblingssofa, hatte den schicken Anzug mit Krawatte an, den er noch wenige Wochen zuvor bei seiner goldenen Hochzeit getragen hatte. Die Augen geschlossen, der Mund geöffnet, die Hände über dem Bauch gefaltet. Stumm und leblos. Ich streckte meine Hand aus, streichelte sein Gesicht und zuckte kurz zusammen, als ich die unerwartete Kühle seiner Haut spürte.

Dann hörte ich die zitternde Stimme meiner Mutter hinter mir: „Doro ..." Mehr brachte sie nicht zustande, und wir lagen uns weinend in den Armen.

Die nächsten zwei Stunden verbrachte ich zwischen meinen beiden Eltern. Ich saß angelehnt an Vatis Beine auf dem Sofa (ein unbeschreibliches Gefühl ergriff mich, als ich bemerkte, wie sein kaltes Bein durch die Berührung meines Rückens an dieser einen Stelle wieder warm wurde) und unterhielt mich leise mit meiner Mutter, die auf einem zweiten Sofa lag, das wir in die Nähe geschoben hatten. Ihre warmen, lebendigen Hände in den meinen, erzählte sie mir, was passiert war.

Mein Vater, der bereits mit 55 Jahren einen Herzinfarkt erlitten hatte, war am frühen Abend an plötzlichem Herzversagen gestorben. Es hatte keinerlei Anzeichen dafür gegeben, dass er sich schlecht gefühlt hätte, und so waren meine Eltern gerade dabei, zu einer Adventsfeier aufzubrechen. Meine Mutter stand mit der Schüssel Kartoffelsalat vor der Haustür und wartete darauf, dass mein Vater das Auto aus der Garage holte. Sie wunderte sich, warum er so lange brauchte und sie in der Kälte stehen ließ. Als sie schließlich nachschauen ging, stand das Auto halb in, halb außerhalb der Garage, und der Motor lief. Wieder wartete sie, doch mein Vater fuhr nicht heraus. Schließlich öffnete meine Mutter die Fahrertür und sah ihren Mann mit weit aufgerissenen Augen ins Leere starren. Das Schlimmste ahnend fasste sie ihm ins Genick und fragte ängstlich: „Franz, was ist los?" Da fiel sein lebloser Kopf vornüber.

Es dämmerte bereits, als ich meine Mutter dazu überreden konnte, mit Hilfe einer Tablette Schlaf zu finden. Ich selbst war viel zu aufgewühlt und wollte die kostbare Zeit nutzen, die ich allein mit meinem Vater hatte, um von ihm Abschied zu nehmen. Ich setzte mich ihm gegenüber, streichelte abwechselnd sein Gesicht und seine Hände, redete mit ihm, betete und schrieb seitenweise Tagebuch. Es kam mir vor, als sei ich meinem Vater nie so nah gewesen wie in dieser Nacht. Er, der aufgrund seiner nicht einfachen Lebensgeschichte nie gelernt hatte, Gefühle auszudrücken und über Emotionen zu sprechen, der mir ein Fremder geblieben war, war mir plötzlich näher und vertrauter als je zuvor. Einerseits beglückte mich dieses Gefühl der Verbundenheit sehr, andererseits spürte ich eine große Traurigkeit darüber, dass diese Nähe nun einem Toten galt und zu seinen Lebzeiten so gut wie nie möglich gewesen war.

Mein Vater Franz Josef wurde 1934, ein Jahr nach Hitlers Machtübernahme, in Dortmund geboren. Seine Eltern, Karoline und Thomas, waren Arbeiter und wohnten und lebten in sehr bescheidenen Verhältnissen. Als das Paar sich kennenlernte, arbeitete Karoline als Dienstmädchen. Um den Zechenarbeiter Thomas heiraten zu können, der Oberschlesier und katholisch war, konvertierte Karoline kurzerhand und wurde Katholikin.

Als der kleine Franz vier Jahre alt war, starb sein Vater. Da die Witwen- und Halbwaisenrente nicht fürs Leben reichte, musste seine Mutter arbeiten gehen: Sie putzte, wusch, bügelte und nähte für andere Leute. Da sie niemanden

*Franz-Josef Kucharz (1934–2008)*

hatte, der in dieser Zeit auf ihren kleinen Sohn aufpassen konnte, nahm sie Franz in die verschiedenen Haushalte mit. Natürlich durfte das Kind bei der Arbeit nicht stören, laut sein oder gar herumrennen. Franz lernte auf diese Weise früh, sich allein und still zu beschäftigen, sich selbst zu genügen, keine Ansprüche zu äußern, nicht aufzufallen und keinen Ärger zu machen.

Ein paar Jahre nach dem Tod ihres Mannes heiratete meine Großmutter ein zweites Mal. Victor fand jahrelang keine Arbeit, so dass Karoline weiterhin mit Putzstellen für den Familienunterhalt aufkam.

Franz bekam kein Geschwisterchen und konnte auch nicht in den Kindergarten gehen, weil das Geld dafür nicht reichte. Erst in der Schule hatte er dann regelmäßig Kontakt zu anderen Kindern.

Als die „Kinderlandverschickung" es möglich machte, beschlossen meine Großeltern, ihren achtjährigen Franz ins Sudetenland zu Verwandten zu schicken, um ihn vor dem Krieg zu beschützen. Was er in den vier Jahren, die er dort verbrachte, erlebt hat, weiß niemand. Mein Vater hat sich geweigert, darüber zu sprechen, und nie von seinen Erlebnissen erzählt. Es müssen schwere Jahre voller Heimweh gewesen sein, denn auch als Erwachsener verweigerte er jede Auskunft darüber und wollte auch nie mehr dort hinfahren.

1946 kam Franz wieder in die Dortmunder Heimat zurück, ein verschlossener Zwölfjähriger, dessen Eltern ihm durch die lange Trennung fremd geworden waren. In der Verwandtschaft bekam er später den Spitznamen „der große Schweiger". Nach dem Ende der Volksschulzeit begann mein Vater in einer kleinen Werkstatt eine Lehre zum Automechaniker und bekam nach bestandener Prüfung eine Festanstellung bei VW.

In seinen Jugendjahren entdeckte er seine Leidenschaft fürs Handballspielen. Leider zog er sich als fast Erwachsener bei einem Spiel eine so schwere Hüftverletzung zu, dass er wochenlang eingegipst im Krankenhaus liegen musste.

Als mein Vater nach der langen Krankenzeit zurück in die Firma kam, hatte ein anderer seinen Platz eingenommen. So kündigte er und fing kurze Zeit später bei Mercedes an, seiner Lieblingsautomarke.

Mit neunzehn Jahren begegnete Franz der ein Jahr jüngeren Renate zum ersten Mal: Im Kinofilm „Mädchenjahre einer Kaiserin" mit Romy Schneider saß sie direkt hinter ihm. Renate, die als Einzelhandelskauffrau in einem Feinkostgeschäft arbeitete, wollte sich jedoch nicht so recht auf ein Verhältnis zu ihm einlassen, weil sie aufgrund seines Vornamens Franz Josef annahm, er müsse streng katholisch sein. Sie dagegen war Protestantin und sang im Kirchenchor. Als mein Vater erklärte, er könne sich vorstellen, evangelisch zu werden, stand der Beziehung nichts mehr im Wege.

1958 heirateten die beiden, und 1960 bekamen sie ihr erstes Kind. Mein Vater entschloss sich, neben seiner Arbeit bei Mercedes für zwei Jahre die Abendschule zu besuchen, um die Prüfung zum Meister abzulegen. Als 1963 der zweite Sohn geboren wurde, hatte sich mein Vater auf eine Meisterstelle beworben, musste aber zunächst als Springer und Urlaubsvertreter in un-

*Doro mit Vater und Bruder (1974)*

terschiedlichen Betrieben arbeiten, bevor Mercedes meinem Vater eine Stelle als Werkstattmeister im Schwabenland anbot.

So zogen meine Eltern mit meinen großen Brüdern 1966 nach Aalen, wo ich ein Jahr später geboren wurde. Als mein Vater nach Umstrukturierungen innerhalb der Firma in der Nachbarstadt Schwäbisch Gmünd arbeitete, beschlossen meine Eltern in der schönen großen Wohnung in Aalen wohnen zu bleiben, und mein Vater pendelte täglich zur dreißig Kilometer entfernten Arbeitsstelle. Kaum war ich auf der Welt, kündigte sich auch schon mein kleiner Bruder an, und so waren wir 1969 als Familie komplett.

Ich wuchs also als einziges Mädchen unter drei Jungen auf. Das hatte sicher ein paar Nachteile, aber auch sehr viele Vorteile. Unter anderem brachte meine Sonderstellung mit sich, eine enge Verbundenheit zu meiner Mutter erleben zu dürfen, und zum anderen wusste ich vom ersten Atemzug an, dass ich der Liebling meines Vaters war, auch wenn er das nie aussprach oder auf andere Weise sichtbar zum Ausdruck brachte. Er bevorzugte mich auch nicht oder behandelte meine Brüder ungerecht – ich kann es nicht erklären, aber ich spürte es einfach, sah es in seinem Blick, wusste es mit einer ganz tiefen Sicherheit.

Mein Vater war sehr viel weg. Früh morgens war er schon aus dem Haus, bevor ich aufstand, um mich für die Schule fertig zu machen, und abends kam er oft so spät heim, dass ich bereits im Bett lag. Ich sah ihn praktisch nur an den Wochenenden. Dann jedoch war er oft so müde von der anstrengenden Arbeitswoche, dass er die meiste Zeit auf dem Sofa im Wohnzimmer lag, vor sich hindöste oder eine Sportsendung im Fernsehen sah, jedenfalls (wie immer ohne Worte) deutlich zum Ausdruck brachte, dass er in Ruhe gelassen werden wollte. Sonntags bestand meine Mutter oft darauf, dass wir einen Familienausflug „ins Grüne" machten, und sie hatte auch immer einen konkreten Vorschlag. Da nur mein Vater einen Führerschein besaß, waren solch größere Unternehmungen nur mit ihm möglich. Ich genoss diese gemeinsamen Ausflüge sehr, das war so richtig „Familie-Sein".

Ich habe nur wenige, dafür aber sehr kostbare Bilder vor Augen, die zeigen, wie sich mein Vater seinem kleinen Töchterchen zuwandte: Ich sehe mich auf ihm herumkrabbeln, während er auf dem Sofa liegt, darf ihm die Haare kämmen und mit meinen Spängchen „Frisuren" machen. Hier und da haben wir getobt, oder ich habe ihm neu gelernte Turn-Kunststücke vorgeführt. Leidenschaftlich gern haben wir zusammen gepuzzelt und dabei „Räuberlieder" gesungen. Einmal hat er mich auf seine Füße gestellt und mir so ein paar Tanzschritte beigebracht. Meine Lieblingserinnerung aber ist die an den Moment, als er mich das erste und einzige Mal lobte: Nach einer Theateraufführung der Schule, bei der ich die Hauptrolle gespielt und viel Applaus bekommen hatte, kam mein Vater nach vorne an die Bühne, umarmte mich und sagte: „Ich bin so stolz auf dich, mein Spatz!" Diesen Satz habe ich mir ins Herz eingeschrieben. Nicht nur, weil er mir so unglaublich viel bedeutete, mehr noch, weil ich

*Vater und Tochter – leicht und beschwingt*

damals schon ahnte, wie viel Überwindung es meinen Vater gekostet haben muss, ihn auszusprechen.

Ja, es gab sie, diese wunderbaren Vater-Tochter-Momente, aber sie waren leider spärlich gesät. Und je älter ich wurde, umso weniger konnte mein Vater mit mir anfangen. Eines Tages war ich ein aufmüpfiger Teenager und nicht mehr das süße kleine Mädchen. Ich färbte mir die Haare knallrot, wollte ständig fortgehen, hinterfragte aufgestellte Regeln. Meinen Vater schien das nichts anzugehen, für unsere Erziehung war meine Mutter zuständig. Während ich mit ihr über (fast) alles reden konnte, von der Taschengelderhöhung bis zum Liebeskummer, zog sich mein Vater noch mehr aus dem Familienleben und der Erziehung zurück. Abgesehen von vielen lustigen, oft unsinnigen Sprüchen, die nicht wirklich zur Situation passten, gab er keinen Kommentar ab, stellte sich taub, schaltete den Fernseher ein. Es schien, als habe er keine eigene Meinung, jedenfalls äußerte er sie nicht und bezog keine Stellung zu irgendwelchen Themen, die mich betrafen und interessierten. Wenn mein Vater sich zu Äußerungen hinreißen ließ, dann ging es um seine Lieblingsthemen: Fahrzeuge, Fußball, Fernsehen. Nichts, woran ich hätte anknüpfen können. Wir hatten uns einfach nichts zu sagen.

Erst zwanzig Jahre später, als ich meinen Mann umrahmt von unseren Zwillingstöchtern auf dem Sofa sitzen und liebevoll und leidenschaftlich über Teenagersorgen diskutieren sah, überfiel mich eine große Trauer. So also hätte es sein können! Schmerzlich wurde mir erst jetzt bewusst, wie wenig Interesse mein Vater an mir gezeigt hatte, wie wenig wir miteinander teilen konnten, wie sehr ich ihn als Vater vermisste, als Menschen, der mir den Rücken stärkt, mich an der Hand nimmt, vorausgeht, mir Vorbild ist, Grenzen setzt, Werte vermittelt, Stärke zeigt. Ich habe meinen Vater dagegen als schwach, farb- und konturlos erlebt, das, was ihn ausmachte, nie wirklich kennengelernt. Ich weiß so wenig über ihn, denn er hat mir nicht – und ich glaube, niemandem – erlaubt, einen Blick in sein Innerstes zu werfen.

Besonders eine sich in Variationen wiederholende Szene aus meiner Kindheit drückt für mich seine Schwäche aus: Ich gehe durchs Wohnzimmer in die Küche, an meinem Vater vorbei, der auf dem Sofa liegt und fernsieht. In der Küche frage ich meine Mutter, ob mein Vater mich wohl eben zur Tanzstunde, Party oder sonst wohin fahren kann. Meine Mutter ruft daraufhin um die Ecke: „Franz, bring doch bitte die Doro eben weg!" Brummend und sichtlich nicht begeistert erhebt sich mein Vater vom Sofa, schaltet den Fernseher aus und holt das Auto aus der Garage. Die ganze Fahrt über schweigen wir uns an, aber das ist okay so, denn so ist es immer.

Es brauchte mein halbes Leben, bis ich gelernt hatte, wie ich mit meinem Vater kommunizieren konnte, dann aber gelang es mir unverkrampft: Wir plauderten einfach über Belangloses, machten Smalltalk, tauschten unverfängliche Informationen aus. Meine Zuneigung zu ihm flammte vor allem in den Jahren ganz heftig wieder auf, als ich selbst Mutter wurde und meinen Vater dabei beobachten konnte, wie er mit einer großen Selbstverständlichkeit und viel Liebe in seine neue Rolle als Großvater schlüpfte. Besonders, dass er unser jüngstes Kind mit seiner geistigen Behinderung so ins Herz schloss, hat mich zutiefst berührt. Die beiden konnten stundenlang miteinander spielen. Mein Vater wurde nicht müde, meterhohe Türme aus Bauklötzen zu bauen, die unser Jonas dann mit Begeisterung umschmeißen durfte. Oder sie reihten Matchbox-Autos quer durchs ganze Zimmer aneinander, schoben sie einzeln zentimeterweise weiter und spielten so

„Stau". Außer einem gelegentlichen Lachen verlief das Ganze eher wortkarg, denn sprechen wollten beide grundsätzlich ungern.

Die kalten Hände meines toten Vaters streichelnd, konnte ich ihm nun all das sagen, was so viele Jahre zwischen uns unausgesprochen geblieben war: meine unerfüllten Sehnsüchte, meine Trauer über so viele verpasste Chancen, einander wirklich zu begegnen, aber auch all meine Dankbarkeit. Es ist so wunderbar, dass er mich und meine Familie zu jeder Zeit mit seiner großen Hilfsbereitschaft und seinem technischen Geschick tatkräftig unterstützt hat, unseren Kindern ein liebevoller Opa war und vor allem, dass er mich geliebt und in mir etwas ganz Besonderes gesehen hat. Das hat er mir mit auf den Lebensweg gegeben, und das ist eine Gewissheit, die mich bis heute stärkt und trägt.

*Doro Zachmann, geborene Kucharz, Jahrgang 1967, ist Dipl.-Sozialpädagogin und außerdem schriftstellerisch tätig. Sie lebt mit ihrer Familie in Pfinztal bei Karlsruhe.*

# Cornelia Mack

# Der früh Verlorene

Ich bin ein vom Vater geliebtes Kind. Das ist ein tiefes Wissen meiner Seele. Mein Vater freute sich über mich und an mir. Als erstes Kind war ich hoch willkommen, und mein Vater hat sich für mich sicher mehr Zeit genommen als für meine nach mir geborenen Geschwister.

An eine Szene, die seine Fürsorge – auch für mein geistliches Leben – verdeutlicht, erinnere ich mich besonders lebhaft. Sie wurde für mein späteres Leben von prägender Bedeutung. Es war an einem Ostersonntag. Ich war ein kleines Mädchen. Meine Eltern gingen mit mir spazieren, und mein Vater machte sich einen Spaß daraus, mir immer wieder heimlich Ostereier auf den Weg zu legen. Ich staunte über die kleinen Schätze im glitzernden Stanniolpapier am Wegrand und blieb davor stehen. Mein Vater ermutigte mich, sie aufzuheben und mitzunehmen.

„Die hat der Osterhase für dich da hingelegt", sagte er. „Gerade eben ist er vorbeigesprungen. Hast du ihn nicht gesehen?"

Ich schüttelte den Kopf und staunte jedes Mal aufs Neue, wenn ich wieder ein Ei gefunden hatte. Wie schnell

*Gerhard Müller (1929–74): der Spaßmacher und seine Tochter*

der Osterhase es doch fertigbrachte, sich unsichtbar zu machen! Ein Ei ums andere lag da am Wegrand – aber den Osterhasen konnte ich einfach nicht entdecken. Mein Vater tat noch ein Übriges, indem er immer wieder mit dem Finger in eine andere Richtung zeigte und sagte: „Da schau, da springt er gerade fort. Siehst du?" Aber ich konnte ihn nicht sehen. „Bin ich wohl dumm?", fragte ich mich.

Am Abend plagte meinen Vater das schlechte Gewissen. „Du, ich muss dir was sagen", begann er. „Den Osterhasen gibt es nicht. Ich habe die Eier auf den Weg gelegt."

Ich erinnere mich noch gut an das Gefühl der Erleichterung, das mich durchzog, nachdem mein Vater mir die Wahrheit gesagt hatte. Denn obwohl ich noch sehr klein war, begriff ich doch, wie seltsam es war, dass ich den Osterhasen nie entdecken konnte und mein Vater ihn jedes Mal gesehen hatte. Mit den Worten einer Erwachsenen gesprochen: Ich hatte an meiner Wahrnehmungsfähigkeit gezweifelt.

Aber dann fingen meine Gedanken an zu arbeiten, und einige Zeit später fragte ich meinen Vater: „Du Papa, sag mal, wenn es den Osterhasen nicht gibt, dann gibt es das Jesuskind auch nicht, stimmt's?"

Mein Vater schaute mich tief erschrocken und betroffen an. „Doch, das gibt es natürlich", versicherte er mir.

Ich schaute ihn fragend an. Wieso sollte es das eine geben und das andere nicht?

Mein Vater machte sich schreckliche Vorwürfe, weil er mich mit der Osterhasengeschichte an der Nase herumgeführt hatte. Er sah sehr traurig aus, und ich spürte, wie entsetzt er darüber war, was sein „Märchen" in mir ausgelöst hatte.

Er entschuldigte sich bei mir und beteuerte mir immer wieder: „Das Kind in der Krippe gibt es wirklich, aber die Geschichte mit dem Osterhasen haben sich Menschen ausgedacht." Und dann erzählte er mir zuerst die Weihnachtsgeschichte und dann die Ostergeschichte. Die Weihnachtsgeschichte kannte ich schon, aber die Ostergeschichte noch nicht. Er erzählte von Jesus, seinen Wundern, seinem Leiden, seinem Verspottetwerden, von seiner Liebe zu uns Menschen, von seinem Sterben und seiner Auferstehung.

Ich spürte, mit welcher Ernsthaftigkeit mein Vater darum bemüht war, mir die Wahrheit zu sagen und dabei das Geschehen für meinen kindlichen Horizont zu übersetzen. Er zeigte mir Bilder aus einer alten Bibel, illustriert von Schnorr von Carolsfeld, und erzählte mir ausführlich die Geschichten dazu. Wahrscheinlich dachte er, ich sei zu klein, um sie zu verstehen, aber ich habe damals in einer kindlichen Weise sehr tief begriffen, wie bedeutsam das Sterben Jesu für meinen Vater war – und dass es darum für alle Menschen etwas sehr Wichtiges ist.

Auch wenn ich später in meiner Jugend einige Jahre bewusst ohne Gott gelebt habe, an der Wahrheit der biblischen Aussagen habe ich nie mehr gezweifelt. Das verdanke ich meinem Vater.

Mein Vater war ein vielbeschäftigter Mann, denn er hatte zwei Berufe. Er war Lehrer, und er war Ingenieur. Ein Ingenieur, der den vom Vater gegründeten Betrieb pflichtbewusst, zuverlässig und mit hohem zeitlichen Aufwand weiterführte. Seinen Traumberuf konnte er dabei nicht ergreifen: Er wäre gerne Pfarrer geworden. Aber da die Erwartung seines Vaters klar war, fügte er sich und verzichtete auf seinen Traum. Dennoch versuchte er im Ehrenamt, die große Liebe seines Lebens zu entfalten. Er war Lektor und predigte häufig, hielt Bibelstunden, leitete einen Hauskreis und engagierte sich auch sonst in vielen ehrenamtlichen Aufgaben der Kirchengemeinde.

Da mein Vater so überbeschäftigt war, blieben ihm manche Nacht nur drei oder vier Stunden Schlaf zur Erholung.

Jede Minute, die mein Vater mit mir und auch mit meinen Geschwistern verbrachte, war darum besonders kostbar.

*Ein begeisterter Vater*

Aber wir litten als Familie auch darunter, dass er so wenig Zeit hatte und oft nicht da war. Als wir älter waren, gab es gerade auch deswegen immer wieder Auseinandersetzungen. Bei allen Meinungsverschiedenheiten habe ich von meinem Vater jedoch nie etwas Entwürdigendes oder Demütigendes gehört. Ich wusste auch in der Pubertät: Ich bin ein vom Vater geliebtes Kind.

Besonders schmerzlich war darum für mich der Tag, an dem mein Vater ums Leben kam. Er war damals 44 Jahre alt und wurde von einem Auto überfahren. Ich war neunzehn. Am Steuer des Autos saß ein junger Mann, der genauso alt war wie ich.

Ich weiß noch, wie tief der Schock für uns alle saß. Der Tod meines Vaters erschien mir wie ein übermächtiger Feind, der uns überfallen und überwältigt hatte. Wie eine Bestie, die uns fertigmachen wollte, schien er uns aus jedem Winkel unseres Gefühls anzugrinsen. In den ersten Stunden nach der Unfall-Nachricht war ich wütend auf meinen Vater. Wie konnte er uns das antun? Sich einfach so überfahren lassen?! Natürlich war dieser Gedanke absurd, schließlich hatte sich mein Vater nicht willentlich überfahren lassen. Aber in einer Situation wie dieser denkt man nun einmal nicht rational.

Meine Seele kam nicht mit. Ich konnte das Unbegreifliche nicht im Entferntesten verstehen oder auch nur erfassen. Ich war total durcheinander und stand unter Schock. Die Tage um die Beerdigung herum haben sich tief in meine Erinnerung geprägt, wie einen Film kann ich die einzelnen Bilder immer wieder abrufen.

Was hat mich damals getröstet? Es waren nicht die Worte und Predigten, keine gutgemeinten Tröstungen anderer Menschen. Es war der Friede im Gesicht meines Vaters.

Obwohl sein Kopf nach der Operation, mit der man sein Leben noch zu retten versucht hatte, bandagiert war, fand sich eine tiefe, friedvolle Gelöstheit in seinem Gesicht. Ich spürte die Gegenwart des Auferstandenen und ewigen Herrn. Ich wusste, mein Vater ist im Frieden zu seinem Vater im Himmel gegangen, Jesus selbst hat ihn dort im Krankenhaus abgeholt. Das hat mir in den folgenden Wochen und Monaten viel Trost gegeben.

Und noch etwas hat mir sehr geholfen: die Haltung meiner Mutter. Meine Mutter haderte nicht mit Gott, sie war nicht wütend oder zornig auf den Mann, der meinen Vater angefahren hatte. Sie wollte vielmehr auch dieses Geschehen aus der Hand Gottes annehmen. Meine Mutter konnte im Leben meines Vaters einen Bogen erkennen, der von Gott gespannt war und der nun seinen Abschluss gefunden hatte. Mein Vater hatte sich in den Wochen vor seinem Tod anlässlich eines Gottesdienstes mit meiner Mutter über seine eigene Beerdigung unterhalten, und sie hat-

*Ein Vater zum Toben*

ten sogar über die Lieder gesprochen, die dort gesungen werden sollten. Es gab dazu keinen Anlass, aber wir spürten im Nachhinein, dass mein Vater seinen Tod wohl geahnt hatte.

Mir persönlich half die Haltung meiner Mutter sehr, dieses Geschehen anzunehmen, statt mit Gott zu hadern. Ich verstand, dass Gott Anfang und Ende unseres Lebens in der Hand hat und wir dazu nur Ja sagen können, wie es schon im Matthäusevangelium zu lesen ist: „Wer ist unter euch, der seines Lebens Länge (oder auch der Lebenslänge seiner Kinder oder des Ehepartners) eine Spanne zusetzen könnte, wie sehr er sich auch darum sorgte?" (Matthäus 6,27)

Die Tage um den Tod meines Vaters haben sich in mein Bewusstsein tief eingeprägt und für mein Leben eine Neuorientierung bewirkt.

Ich erinnere mich noch gut an den Heimweg von der Beerdigung. Für was lohnt es sich eigentlich zu leben, wenn das Leben so schnell und so plötzlich zu Ende sein kann?, fragte ich mich. Der Tod meines Vaters stellte die Frage nach der Bedeutung meines Lebens und nach den Werten, an denen ich mich orientierte. Damals wurde mir ganz deutlich, dass die meisten Dinge, die in unserer Gesellschaft für so unendlich wichtig erachtet werden, eigentlich gar nicht zählen. Erfolg, Geld, Ansehen, Besitz oder das, was andere über mich denken, all das zählt im Angesicht von Tod und Ewigkeit überhaupt nicht. Was wäre, wenn ich so mitten aus dem Leben herausgerissen würde? Dann zählte doch allein, ob ich mit meinen Mitmenschen versöhnt gelebt habe, und auch, ob ich in meinem Leben Frieden mit Gott hatte. Dann zählte, ob ich Werte in meinem Leben hatte, die auch angesichts des Todes noch Bestand haben, weil sie von der Ewigkeit her ihren Wert erhalten.

All diese Gedanken schossen mir auf dem Nachhauseweg durch den Kopf. Und bis heute, wenn ich vor kleinen oder großen Entscheidungen stehe, finde ich mich in Gedanken auf dem Rückweg von der Beerdigung. Dann frage ich mich: Lohnt es sich, dafür zu leben? Oder: Lohnt es sich, dafür zu kämpfen? Lohnt es sich, dafür zu streiten? Hat diese Entscheidung angesichts des Todes Sinn?

Auch wenn ich materielle Verluste erlebe, sehe ich mich auf dem Rückweg und frage mich: „Lohnt es sich, dieser Sache nachzutrauern?" Bei einem unserer Umzüge hatten unsere Kinder zum Beispiel ein neues, von meiner Schwiegermutter uns zum Umzug geschenktes Geschirr auf einen zusammenklappbaren Teewagen gestapelt. Das Tablett des Wagens war nicht richtig eingehakt, und so geschah es, dass der Wagen unter der Last zusammenklappte und Dreiviertel des neuen Geschirrs in Scherben ging.

Natürlich waren da zuerst Wut und Ärger, aber dann befand ich mich wie in einem Film zurückversetzt auf den Rückweg vom Friedhof – Psychologen würde es wohl ein „Flashback" nennen. Ich war auf dem Weg und bei den Themen, die mich auf diesem Weg beschäftigt hatten: Wofür lohnt es sich zu leben? Lohnt es sich, sein Herz an materielle Werte zu hängen? In welcher Relation steht dieser Verlust zum Verlust eines menschlichen Lebens?

Solche und ähnliche Situationen habe ich immer wieder erlebt, auch, als ich vor einiger Zeit mit dem Auto auf dem Weg zu einem großen Frauenfrühstück war und bei Neuschnee ins Schleudern geriet. Das Auto hatte einen beträchtlichen Schaden, war aber zum Glück noch fahrtauglich. Wenn ich mich zu sehr darüber aufgeregt hätte, wäre ich vielleicht nicht weitergefahren, oder mein Herz wäre während des Vortrags durch Gedanken an den finanziellen Verlust blockiert gewesen. Wie dankbar bin ich in solchen Situationen auch heute noch für die Erkenntnis, die ich durch den Tod meines Vaters gewonnen habe: Hänge dein Herz nicht an die falschen Dinge! Menschen sind wichtiger als Dinge.

Unsere Familie musste, bedingt durch den Beruf meines Mannes, immer wieder umziehen. Dabei finde ich Umzüge furchtbar. Alles, was sich im Lauf der Zeit ansammelt, muss sortiert, verpackt, verschenkt oder weggeworfen werden. Noch schlimmer aber ist das Loslassen der Beziehungen zu lieb gewordenen Menschen und das Weggehen von vertraut gewordenen Orten. Auch da ist es mir immer wieder eine Hilfe, mich daran zu erinnern, dass wir hier auf der Erde keine bleibende Stätte haben, sondern die zukünftige, die himmlische Heimat suchen. „Hänge dein Herz nicht an vergängliche Dinge, sondern verankere dich immer mehr in der Ewigkeit." So versuche ich in solchen Lebenssituationen mein aufgewühltes Herz immer wieder an Jesus zu hängen.

Der Tod meines Vaters war und ist eine tiefe Verletzung in meinem Leben. Doch gerade diese Verletzung ist zu einer tiefen Segensspur geworden. Interessanterweise hat ja das englische Wort „to bless" zwei Bedeutungen: segnen und verletzen. Diesen Zusammenhang entdecke ich je länger, je mehr. Das Verletzende ist auch das, was uns segnen kann.

Ein Lied, das mein Vater sich für seine Beerdigung ausgesucht hatte, war das Lied vom himmlischen Jerusalem: „Wachet auf, ruft uns die Stimme." Die dritte Strophe lautet:

*Gloria sei dir gesungen*
*mit Menschen- und mit Engelzungen,*
*mit Harfen und mit Zimbeln schön.*
*Von zwölf Perlen sind die Tore an deiner Stadt,*
*wir stehn im Chore*
*der Engel hoch um deinen Thron.*
*Kein Aug hat je gespürt,*
*kein Ohr hat je gehört solche Freude.*
*Des jauchzen wir und singen dir das Halleluja*
*für und für.*

Bei der Beerdigung konnte ich diese Zeilen nicht singen, viel zu viele Tränen waren da in mir. Aber ich wusste: Mein Vater ist schon dort, er singt schon dort. Er schaut, was er geglaubt hat, seine Seele ist endlich zur Ruhe gekommen. Nach aller Überlastung und Überarbeitung ist er jetzt ganz im Frieden mit Gott.

Seit diesem verletzenden Einschnitt kann ich nicht mehr ohne den Ewigkeitsbezug leben. Das Loslassen meines Vaters in die Ewigkeit und das Wissen darum, dass er dort ist, ist zu einem Verankerungspunkt und einem Stabilisierungsfaktor für mein Leben geworden.

Auf dieses Ziel gehe ich zu. Dort, in der Ewigkeit, werden wir mit dem Vater im Himmel wohnen, wenn unser Leben hier zu Ende geht. Gott wird unter uns „zelten", er wird ganz nah bei uns sein. Es wird keine Verletzungen mehr geben, kein Leid, kein Geschrei, keinen Krieg und keine Wunden mehr, keine Unterstellungen und üble Nachrede mehr, keine Verleumdung und keinen Hass unter den Menschen. Alle irdischen Glückserfahrungen sind nur ein kleiner Vorgeschmack auf das Glück, das wir dort erleben werden.

*Geborgen*

Wie mein Vater sich in seinem Leben mir zugewandt hat, ist mit Sicherheit ein Grund dafür, warum ich nie – weder in der Pubertät und in meinen Zeiten der Gottesferne, noch später, in den allerschwersten Stunden des Leids – an der Liebe des Vaters im Himmel gezweifelt habe. Dieser

Zusammenhang zwischen Vaterbeziehung und Gottesbeziehung ist ein großer Schatz in meinem Leben. Dafür bin ich meinem Vater unendlich dankbar.

*Cornelia Mack, geborene Müller, Jahrgang 1955, ist Sozialpädagogin, und seit der Familienphase als Autorin und als Referentin tätig.*

# Christina Brudereck

# Der Sternenvater

Es ist spät in der Nacht in den Sommerferien. Ich liege in
einem Liegestuhl, draußen, auf dem abgemähten Feld vor
unserem Ferienhaus, eingemuckelt in ein großes Frottetuch,
und sehe in den Ferienhimmel. Es ist abenteuerlich, roman-
tisch und so unglaublich faszinierend! Hier, weit weg von der
Stadt sieht man so viele Sterne wie sonst nie.

„Oben überm Sternenzelt muss ein guter Vater wohnen."
Was Schiller so berühmt dichtet, kann ich in diesem Moment
mit aller Leichtigkeit glauben. Denn neben mir, ebenfalls in
einem Liegestuhl, sitzt mein Vater, und er hat diese Sommer-
Ferien-Nacht-Aktion initiiert. Ich bin elf Jahre alt und finde
ihn einfach nur wunderbar.

*Hans-Gerhard Brudereck (\*1936)*
*mit Tochter Christina*

Dieses Ferienerlebnis ist
eins der Bilder, mit dem
ich meinen Vater gerne
in Erinnerung behalten
möchte. Auch die sonn-
tägliche Bücherstunde in
seiner Bibliothek, wo
der großartige Geschich-
tenerzähler meine Liebe
zur Sprache weckte.
Oder wie er im Garten
in der Hollywoodschau-
kel eine Zigarre pafft,

braungebrannt und entspannt. Ich möchte nicht so gerne daran denken, dass er auch blass sein konnte, winterlich und kalt, unsicher und traurig. Aber das Leben besteht nicht nur aus Ferien, Sonntagen und Sommer. Und Töchter bleiben nicht elf, sondern werden älter.

„Verzicht ich auch auf Sahne, Zucker, Butter – ich seh am Ende aus wie meine Mutter", sage ich oft. „Vom Vater hab ich die Statur, des Lebens ernstes Führen, vom Mütterchen die Frohnatur und Lust zu fabulieren", dichtete Goethe. Aber ich habe die Statur, inklusive Nase, Hüften und beiden Oberarmen ganz unübersehbar von meiner Mama geerbt. Disziplin und Frohnatur noch dazu. Von meinem Vater aber habe ich die Lust zu fabulieren. Auch ganz eindeutig. Bei mir ist es wirklich anders als in Goethes Gedicht.

Sonntags war bei uns zu Hause Bücherstunde. Nach Gottesdienst und Mittagessen gingen wir drei Schwestern mit unserem Vater in das Zimmer, das Bibliothek hieß, und das vollgestopft war mit dicken Wälzern, Bildbänden, Romanen, Märchen, Gedichten, Antiquariat und Bestsellern. Wir fanden Hemingway und Hotzenplotz, Winnetou und Wintermärchen, Grimm und Goethe, Shakespeare und Schneewittchen, Nathan der Weise, Vom Winde verweht, Emil und die Detektive und auch lauter abgedrehte Sachen wie Vogelbestimmungsbücher, Reiseberichte,

*Der Bücherfreund*

Ausstellungskataloge und Kochbücher. Wir durften jede ein Buch, das uns interessierte, irgendwo aus den riesigen Regalen nehmen, und dann fabulierte unser Vater. Er hatte die Gabe, so von einem Buch zu erzählen, nur ein paar Minuten lang, dass man es am Ende unbedingt lesen wollte.

Ja, eine der schönsten Gemeinsamkeiten mit meinem Vater ist unsere Liebe zu Büchern und zur Sprache. Die wird ja Muttersprache genannt, aber in meinem Fall würde Elternsprache besser passen. Denn meine Mama achtete auf Aussprache, Rechtschreibung und korrigiert bis heute jeden Komma-Fehler, aber mein Papa konnte erzählen. Wir gaben ihm für eine Gutenachtgeschichte nur vier Stichworte, und er machte daraus eine spannende Erzählung. Noch heute stelle ich mir den biblischen „Kämmerer aus Äthiopien" genau so vor, wie er ihn mir im Kindergottesdienst vorgestellt hat. Und die Art, wie er vom Kriegsende erzählte (das Datum fiel auf seinen neunten Geburtstag), von seinen Streichen und der großen Familie mit der feinen Tante, ruft bis heute intensive Bilder in mir wach.

Kein Zufall, dass die mütterliche Eigenschaft aus Goethes Gedicht in meinem Fall besser den Vater beschreibt. Er ist ein musischer, weicher Mann. Ein Liebhaber der Natur. Ein Künstler, der Klavier spielt, Bilder malt, fotografiert und viele Liebesbriefe schrieb. Der bis heute Herzchen auf Umschläge und auf Tischkarten kritzelt. Kitschig sind in meiner Familie nicht wir vier Frauen, sondern vor allem einer: unser Vater. Er ist die Person mit der größten Bandbreite an Emotionen: Er kann enthusiastisch sein, zornig, melancholisch, empfindlich, verzagt, empathisch, kränklich, bekümmert, eifrig, großzügig. Ihm schlägt eine Begegnung auf den Magen, Arbeit macht ihm Herzrasen, der Tag sitzt ihm im Nacken, das Wetter in den Gelenken, mit Gott ringt er wie Ja-

kob am Jabbok, wir Töchter bereiten ihm Kopfzerbrechen ...
Denn das Leben besteht nicht nur aus Ferien, Sonntagen und
Sommer. Und Töchter bleiben nicht elf, sondern werden älter.

Sprache, Musikalität, Erzählkunst, Malerei, Staunen über
die Natur – das alles hat er mir vererbt, beigebracht, geschenkt und anvertraut. Erzählen, Schöpfungsliebe, Gottvertrauen hat er mir so ans Herz gelegt, dass ich mir ein Leben
ohne diese drei nicht vorstellen kann. Aber ich habe im Lauf
der Zeit meine eigenen Worte gefunden, neue Themen und
ganz andere Geschichten, und manche waren ihm fremd,
auch zu fremd. Schöpfungsliebe hat sich bei mir politischer
geäußert, als ihm das je wichtig war. Und ich habe meinen
Kinderglauben überholt, und manche Haltung kann mein
Vater wohl bis heute nicht ganz verstehen. Erwachsen zu
werden, von zu Hause wegzuziehen, etwas Eigenes aufzubauen – das soll so sein, das durfte bei mir auch so sein, aber
es kostete alle Beteiligten Herz und Schmerz.

Als ich 16, 17, 18 war, in dieser Lebensphase, in der Wachsen so anstrengend ist, erlebte ich meinen Vater als ausgesprochen ambivalent. Einerseits gab es Erfahrungen mit einem starken, dominanten Vater: Ich fühlte mich den jungen
Männern in meinem Alter unterlegen. Aus meiner 1a-Grundschulklasse war kein einziges Mädchen mit mir auf die weiterführende Schule in die Stadt gekommen. Die Jungen waren in der Mehrheit, eine starke Clique, unterstützt durch
eine vielseitige CVJM-Arbeit – und auch durch die Lausbuben-Erzählungen meines Vaters, der sich spürbar mit ihnen
identifizierte und an seine Jugend erinnert fühlte. Ein Lausbube? Das konnte und das wollte ich nicht sein. Eine Tochter
ist kein Sohn. Ich wurde ja gerade etwas ganz Anderes, eine
Frau!

Andererseits machte mein Vater uns Töchtern ganz eigene Geschenke. Als ich zum ersten Mal meine Regel bekam, war es nicht etwa meine Mutter, sondern mein Vater, der mir am Frühstückstisch ein kleines Päckchen überreichte. Der Schal mit Goldfäden war wunderhübsch, das Ganze war ein bisschen peinlich, aber vor allem würdigend. Auch zum Weihnachtsfest übrigens gab es diese Tradition: Unser Vater kaufte immer noch zusätzlich Blumen für die Frauen – meine Großmütter, meine Mutter, uns Töchter – und verschenkte Parfüm, Seiden-Pyjamas, Schmuck, extravagant, geschmackvoll und passend. Ja, der weiche Mann ging mir über die Jahre nie ganz verloren, aber ich hatte auch andere Seiten an ihm entdeckt.

Ob es dann zu einem Bruch kommen musste? Ich weiß es nicht. Aber wir wurden einander für eine ganze Weile fremd. Als ich etwas tat, was meine Eltern nicht kannten: sich in die weite Welt aufmachen. Sommerferien und Urlaube habe ich in allerbester Erinnerung. Aber dann reiste ich zum ersten Mal nach Südafrika.

„Oben überm Sternenzelt muss ein guter Vater wohnen"? Vielleicht ein Vater, der zusieht, wie seine Kinder auf der Müllkippe nach etwas Essbarem suchen? Ein guter Gott, der aus den Sternen herabguckt auf Wellblechhütten, Folter, Erniedrigung, Hunger, blanken Hass, Rassismus und Gewalt? Wenn es den Gott meiner Kindheit, meines Vaters und meiner Ahnen geben sollte – was machte er den ganzen Tag? Ich sah, was ich vorher nie gesehen hatte, und beschloss in meinem Herzen: Wenn nicht alle Kinder dieser Welt behütet sind, will ich es auch nicht sein. Wenn nicht alle den Himmel als Dach erleben, unter dem man sich sicher bergen kann, dann werde ich es auch nicht mehr tun. Als ich zurückkam, hatte ich zunächst keine Worte, um zu vermitteln, was ich erlebt hatte. Mein Vater fragte nicht nach. Ich machte mir nicht die Mühe, mich zu erklären. Meine Schwester Dorothea war mir sehr nah; bis heute prägt mich die Erfahrung ihrer Unterstützung. Aber meine Eltern wurden mir in dieser Zeit fremd. Sie müssen gespürt haben, dass ich zutiefst erschüttert war, aber wir fanden keinen Zugang. Diese Art von Geschichten hatten wir einander nicht zu erzählen gelernt. Ich mache ihnen keinen Vorwurf, eher mir selber. Aber ich wünschte mir immer wieder mal, ich würde die Gelegenheit finden und die richtige Weise, um zu teilen, was mich so getroffen hatte.

Mein Studium der Theologie habe ich dann, wohl vor allem wegen dieses Bruchs und der Entfremdung, die daraus folgte, als eine Zeit ohne Vater erlebt. Ich erinnere mich gut, dass meine Freundinnen mich als Kind beneidet hatten, weil mein Vater nicht wie ihre Väter abwesend war. Mein Vater arbeitete meistens zu Hause. Er ging nicht auf Geschäftsreise, er verließ nicht am Morgen das Haus, um erst am Abend wiederzukommen. Er saß zu Hause am Schreibtisch, war gegenüber in der Kirche, nebenan im Gemeindehaus, fuhr mal zum Kindergarten, mal zum Friedhof, machte Hausbesuche, aber er war meistens in der Nähe. Oft allerdings zwar da, aber oft nicht wirklich nah, erreichbar. Er hatte ein Arbeitszimmer direkt neben der Haustür und ein zweites, kleines, weit weg vom Trubel, in der oberen Etage, nur zu finden über eine Treppe und eine versteckte Tür, fast wie die Zelle eines Mönchs. Luthers Studierstube habe ich mir später immer so vorgestellt. Hierhin zog er sich zurück, um sich vorzubereiten auf seine Arbeit als Seelsorger, Prediger, Mensch der Öffentlichkeit. In der Nähe, wenn auch nicht immer sichtbar. Wie Gott eben, dachte ich damals. Wenn du wirklich ein Problem hast, kannst du ihn ja stören. Jetzt, in der Phase nach Südafrika, war es anders. Er war unerreichbar für mich. Und Gott war es auch.

Ich konnte in dieser Zeit nicht unterscheiden zwischen dem, was mir von meinem Vater und was mir von (seinem) Gott widerfuhr. Und das war das Schmerzhafteste. Mein Vater hatte meinen Glauben so sehr geprägt – im Kindergottesdienst, bei Tischgebeten, im Konfirmandenunterricht, an Festtagen. Auf einmal musste ich feststellen, dass ich Gott und meinen Vater fast nicht voneinander unterscheiden konnte, sie waren sich zum Verwechseln ähnlich! Ich war nicht mehr brav, gläubig und vertrauensvoll, und sie waren nicht mehr für mich da. Wie eingeschnappt, beide. Irritiert, zurückgezogen, kühl. Beide ungerecht. Nicht zu verstehen. Mir kam diese Distanz vor wie eine erzieherische Maßnahme, vielleicht war sie auch pure Hilflosigkeit. Heute löst diese Zeit bei mir eher traurig-zärtliche als kränkende Erinnerungen aus, aber damals war es schwer. Warum verletzt man immer die am meisten, die man liebt?

Ich fing an auszugraben, was meine Mutter und meine Großmütter mir vermittelt hatten. Ich erinnerte mich an die Dornen und die Narzissen, die mir auch etwas von Passion und Ostern gesagt hatten. Ich entdeckte so viele Schätze. Wo waren sie gewesen? Es war aufregend, und es war wunder-heilsam, die weibliche Seite Gottes zu entdecken: Gott war Hebamme, Mutter, Gebärende und Stillende, Liebhaberin des Lebens, Bäckerin. Auch Bärin. Zornige Kraft. Weltenmutter. Weise Alte. Ich las die Frauengeschichten der Bibel. Die meisten noch mal wie zum ersten Mal. Ich entdeckte den Feminismus für mich, als hilfreiches Mittel, Hierarchien zu entlarven. Ich studierte, las, forschte, übersetzte Bibeltexte, fragte, weinte viel, schlief wenig und begann allmählich, vorsichtig tastend, wieder zu beten. Ich erlaubte mir, wütend zu sein. Ich lief schreiend durch den Wald. Ich las noch mehr Bücher. Und alles von Alice Walker. Mich wiederzufinden in ihren Erzählungen von Rassenwahn, Vergewaltigung, Erniedrigung und Hass, war merkwürdigerweise wohltuend. Ich fühlte mich verstanden. Und an die schmerzhaften wunden Zeilen schmiegten sich ja auch die Zeilen von Freundschaft, Würde, Liebe und innerer Stärke. Ich entdeckte die Kraft von Frauenfreundschaften. Ich liebte meine Schwestern in dieser Zeit und seitdem wie wahnsinnig. Ich spürte Jesus neu auf, den Mensch aus Nazareth – nicht den ältesten Sohn, der ich nie war, sondern den Menschen aus Liebe.

Ich verarbeitete, ich fand Worte, ich veröffentlichte erste Geschichten, ich schrieb mein erstes Buch, „Gott, meine schwarze große Schwester". Ich war stolz. Ob mein Vater es war? Ich glaube, er hatte damals keine Chance, es zu sein. Das alles war ihm zu fremd.

Ich weiß, dass er heute stolz ist. Und ich bin es umgekehrt auch. Er hat einen Zugang gefunden zu meinen Geschichten, meinen Themen, meiner Gottesrede sogar. Dafür achte ich ihn sehr. Und ich weiß heute sehr wohl zu schätzen, was er mir vererbt hat. Damals gab es wenig Worte für uns. Die Jahre gingen ins Land. Ich beendete mein Studium, schrieb jetzt mehr, predigte immer häufiger, wurde eine Geschichtenerzählerin. Immer wieder mal hörte ich den Satz: „Sie geht in den Fußstapfen ihres Vaters." Ich gewöhnte mich an den Gedanken, dass sie wohl recht hatten.

Und dann wurde mein Leben noch ein Mal richtig durchgeschüttelt, und ich geriet noch einmal in eine große Krise. Ich habe um meine Ehe gerungen, mich manches Mal lebensmüde gefühlt, dann wieder wütend, dann hoffnungsvoll, ohne allen Selbstwert. Ich schämte mich, meinen alten Eltern eine Scheidung zuzumuten. Gott? Jesus erlebte ich als sehr nah, er war der Hüter meiner Würde, Liebhaber meiner Seele. Meine Schwestern, Freundinnen, Freunde achteten auf mich. Und meine Eltern? Waren da. Für mich. Wirklich. Sie hielten es aus. Sie redeten nicht zu viel, erklärten nicht zu schnell, standen bereit, mir zur Seite. „Danke", kann ich nur sagen. Und als ich mich in die weite Welt aufmachte, ließen sie mich wieder mal gehen, und ich reiste nach Indien.

Drei Monate lang lebte ich in den südindischen Bergen, weit weg von allem und allen. Kein Handyempfang, Kochen auf dem Feuer, Essen auf dem Boden, nur ein einziger Mensch sprach Englisch. Ich meditierte jeden Tag einen Vers aus dem 84. Psalm: „Wohl denen, die ihre Stärke in dir finden, die in ihren Herzen barfuß pilgern." Drei Monate lang trug ich keine Schuhe. Ein Gott, zu dem man mit bloßen Füßen kommen kann, lockte mich. Gott, der in der Sehnsucht nach dem Ziel und in jedem Schritt zu entdecken war. Ich schrieb jeden Tag. Hauptfigur meiner Geschichte wurde eine Frau aus Birma, namens Chandani, die im Exil in Indien lebt, Falknerin und Journalistin. Es wurde eine Vater-Tochter-Geschichte. Chandani ringt um ihre Lebensberufung, um den Umgang mit Scheitern und Schmerz. Ihr Vater Thura hilft ihr dabei; seine Integrität, seine Treue und seine altersmilde Weisheit weisen ihr den Weg. Manches an der Geschichte ist reine Fantasie, vieles andere ist Biografie ... Gewidmet ist der Roman „Meinem Vater". Chandani bedeutet Stern, Thura bedeutet Sonne, großer Stern.

Abends, wenn der Himmel die ersten Sterne zeigt, wenn dann noch Glocken von irgendwoher läuten, dann halte ich inne, unwillkürlich, und muss nach oben gucken. Ich denke an Sommer, große Ferien und den Himmel im Urlaub, weit weg von der Stadt. Ein guter Vater? Meiner wohnt in einem Dorf im Sauerland. Und oben überm Sternenzelt? Lebt eine große segnende Kraft, die wir Gott nennen. Schöpfer dieser

wunderbaren bunten Welt. Weise Liebe, in der ich mich bergen kann. Unter dem Sternenzelt? Leben mein Vater und ich,
bedacht von ein und demselben Himmel.

*Christina Brudereck, Jahrgang 1969,
verbindet Theologie und Lyrik,
Spiritualität, Kultur und Politik, spricht
und reimt, reist und schreibt; sie ist
Gründerin von SisterHood, initiiert
Projekte für religiös Kreative, lebt im
Ruhrgebiet in einer Kommunität und
engagiert sich im Gemeinde-Kultur-
Projekt, dem CVJM e/motion in Essen.
www.christinabrudereck.de*

# Katharina Brudereck

# Der Mann im Schlafanzug

Wenn ich den Ort meiner Kindheit malen wollte, dann würde ich unseren Garten zeichnen. Mitten im Garten stehen ein großer Kirschbaum und die Kirche – der Arbeitsplatz meines Vaters. Die Kirche aus braunem Backstein hat einen Glockenturm mit drei Glocken, die abends um 18 Uhr läuten und mir sagen, wann ich nach Hause muss. Auf meinem Bild ist der erste Samstag im Frühling. Bald ist Ostern. Die Forsythien blühen schon und die Kirsche. Mein Lieblingsplatz im Garten ist die Feuerstelle. Durch meinen Vater habe ich gelernt, wie ich ein Feuer mache. Zuerst sucht man dünne Äste, am besten von einer Birke, oder alte trockene Rinde. Vater hat mir beigebracht, wie ich mit einer Axt großes Holz spalte, und dabei die paradoxe Anweisung gegeben: „Weil eine Axt gefährlich ist, darf man keine Angst haben, wenn man sie in die Hand nimmt!" Ich habe ein eigenes Taschenmesser, mit dem ich am Lagerfeuer sitze und schnitze. Abends legen wir Kartoffeln in die Glut und essen draußen. Mein Vater raucht eine

*Die Predigt ist fertig!*

Zigarre gegen die Mücken und ist entspannt, weil er die Predigt schon fertig hat.

Mein Bild zeichnet eine friedliche Welt, keine heile Welt. Über den Plattenweg, der unter dem blühenden Kirschbaum durch den Garten geht, kommen immer wieder besondere Gäste in unser Haus. Da sind die Männer, die alles, was sie besitzen, in zwei Tüten dabei haben. Meistens wollen sie nur ein Butterbrot. Dafür ist meine Mutter zuständig. Sie schmiert extra dick Butter darauf und legt die Brote auf ein Holzbrett. Sie fragt mich, ob ich dem „Tippelbruder" – so nennt sie die Männer – die Brote bringen will. Ich mag die „Tippelbrüder" sehr und mache das gerne, weil die Männer sich immer freuen. Meistens wollen sie nur ein Brot und ziehen dann weiter mit ihren zwei Tüten. Manchmal will einer von Ihnen mit meinem Vater reden. Dann geht mein Vater mit ihm in das untere Arbeitszimmer. Fürs Reden ist mein Vater zuständig.

Einmal kommt so ein Mann in unseren Garten, wo ich mit zwei Freundinnen spiele. Als ich den Mann sehe, grüße ich ihn. Er grüßt nicht zurück. Meine Freundinnen lachen, denn der Mann ist betrunken. Ich schäme mich vor meinen Freundinnen, weil ich nicht wusste, dass man betrunkene Männer nicht grüßt. Der Mann redet mit meinem Vater. Abends erzählt mein Vater mir, dass der Mann bei ihm geweint hat, weil er seit Jahren nicht mehr gegrüßt wurde, ich ihn aber begrüßt hatte. Ich habe diese Geschichte tief verinnerlicht und gelernt, dass man manchmal einem Menschen nicht viel helfen kann. Aber man kann ihn wenigstens grüßen. Das ist mehr als nichts!

Nur Herrn Horn traue ich mich nicht zu grüßen. Herr Horn wohnt in unserem Ort, und er sieht irgendwie verrückt aus. Immer mal wieder kommt er unseren Plattenweg entlang, um mit meinem Vater zu reden. Er erschreckt mich. Seine Augen sind tief eingefallen, und seine Haut ist ganz weiß, wie aus Wachs. Er redet so laut und komische Sachen. Mein Vater nimmt sich immer Zeit für ihn und wirkt nachher bedrückter und kleiner. Ich wünsche mir von meinem Vater, dass der Mann nicht mehr zu uns kommen soll, weil ich Angst vor ihm habe. Aber mein Vater hat sagt: „So ist das in einem Pfarrhaus. Wo soll der Mann sonst hingehen?"

Mein Vater hat zwei Arbeitszimmer. Eins oben. Dort sitzt er, um seine Predigten zu schreiben. Nachmittags trinkt er hier mit meiner Mutter Tee. Das Arbeitszimmer unten braucht mein Vater, um die „Tippelbrüder" und Herrn Horn zu empfangen und die anderen, die mit ihm reden wollen. Dieses Arbeitszimmer liegt direkt neben unserem Eingang. So können die Gäste ungesehen zu ihm.

Eines Tages stirbt in unserem Ort ein Kind bei einem Verkehrsunfall. Mein Vater muss das Kind beerdigen. In den Tagen vor der Beerdigung merken wir ihm an, dass er die Eltern des Kindes nicht trösten kann und dass er sich selbst nicht trösten kann. Er sucht nach Worten. Er weiß auch, dass zu dieser Beerdigung der ganze Ort kommen wird und dass von ihm erwartet wird, dass er Worte findet. Unser Haus ist voller Bücher, die voller Worte sind. Mein Vater blättert in den Büchern, auf der Suche nach Worten. Er verschwindet in seinem Arbeitszimmer. Am Ende nimmt er die Bibel in die Hand und leiht sich von ihr seine Worte.

Am Tag nach der Beerdigung des Kindes klingelt es an der Tür. Mein Vater öffnet. Das tut er sonst nie. Er geht mit dem Gast direkt in das untere Arbeitszimmer. Ich frage meine Mutter: „Wer kommt zu Besuch?" Sie sagt: „Der Mann, der das Auto gefahren hat!" Ich erfahre nicht, wer er ist. Aber ich weiß, dass das eben so ist in einem Pfarrhaus. Wo soll der Mann denn sonst hingehen? Ich lerne einen der wichtigsten Grundsätze für mein Leben und für meinen späteren

Beruf: Christen und Christinnen haben eine Lösung dafür, wie man mit Schuld umgehen kann, und müssen deshalb keine Berührungsängste mit Menschen haben, die schuldig geworden sind.

So war das bei uns zu Hause. Unser Haus war offen für jeden Kauz, für jeden Sonderling, für jeden, der sich schuldig fühlte. Nicht immer, aber ganz schön oft. Diese Offenheit entsprach allerdings mehr der Überzeugung meines Vaters als seinem Wesen. Deshalb war mein Vater angewiesen auf die Hilfe anderer. Allen voran auf die Hilfe seiner Eka, unsere Mutter Erika. Aber auch angewiesen auf die Hilfe seiner Töchter Christina, Dorothea und Katharina. Als ich in den Konfirmandenunterricht kam und endlich den Erwachsenengottesdienst besuchen durfte, fragte mich mein Papa beim Mittagessen: „Was habe ich gepredigt, Katharina?" Ich weiß noch, dass ich zunächst schüchtern war und mir plötzlich vorkam wie in einer Prüfung. Aber dann sagte er: „Ich möchte wissen, was bei euch Konfirmanden ankommt. Du kannst mir dabei helfen, so zu predigen, dass ihr mich versteht."

Und ich gab ihm seitdem regelmäßig Predigtfeedback, erzählte, was ich gehört und verstanden hatte. Und lernte dabei das Zuhören, das mir bei meinem Vater sehr leicht fiel.

Das Erzählen, Worte, Sprache, Bücher sind für meinen Vater, was die Mauern und Wände für ein Haus sind. Mein

*Katharina und ihr Vater beim Wörterbasteln*

Papa erzählt wie Scheherazade, die Prinzessin aus 1001 Nacht, als ginge es ums Überleben. Und mein Vater ist wie die Prinzessin ein guter Erzähler. Er erzählt wahre und fantastische Geschichten, schöne und traurige, erfundene und überlieferte. Da sind zum Beispiel die selbst erfundenen Mythen, die sich um den Piraten Knollschow ranken. Sein Schatz liegt begraben in einem Wäldchen im Wendland. Knollschow taucht dort immer wieder auf, setzt sich auf seine weiße Bank und wartet auf den Sonnenuntergang. Niemand hat bisher seinen sagenumwobenen Schatz gefunden. Wer weiß, vielleicht gelingt es dir? Und da ist Molkäppel, meine Lieblingsfigur. Von ihm gibt es nicht viel zu berichten, außer, dass man ihm hin und wieder ganz unerwartet begegnet. Molkäppel ist ein freundlicher Mann, mit Hut und Mantel. Er steht meistens auf der gegenüberliegenden Straßenseite, grüßt zurückhaltend, redet nicht viel, nickt nur kurz mit dem Kopf oder zwinkert mit den Augen. Wenn Molkäppel irgendwo auftaucht, gibt es keinen Grund zur Sorge. Und dann sind da die Erzählungen und Geschichten aus dem Buch der Bücher, die Bibel. Was wären wir ohne sie? Wie ein Haus ohne Wände. Auch diese Geschichten von Gott und Jesus erzählt mein Vater mit Leidenschaft, als ginge es ums Überleben. Das ist wohl das Wichtigste, das ich von meinem Vater gelernt habe: Du brauchst die Geschichten der Bibel zum Überleben. Und wie in 1001 Nacht verwandeln dich diese Geschichten am Ende in einen Liebhaber. Ich habe bei meinen Eltern lieben gelernt. Das war ihr wichtigster Wunsch, ihr erstes Gebet: dass ich Gott liebe, der mich zuerst geliebt hat. Und ich habe die Menschen lieben gelernt. Du kannst nicht jedem helfen, aber du kannst jeden Menschen, der auf dem Plattenweg zu dir nach Hause kommt, grüßen.

Ohne meine Eltern würde ich sicher einen anderen Beruf ausüben. Ich bin Psychologin und systemische Therapeutin und werde oft gefragt, wo ich meine Fröhlichkeit hernehme. Warum bin ich so fröhlich? Als ersten Grund nenne ich meinen Mann Stefan, der mich zum Lachen bringen kann und glücklich macht wie kein anderer. An zweiter Stelle nenne ich Gott, mein größtes Lebensglück, der mich berufen hat. Und drittens habe ich in mir einen Garten. Dort blüht die Kirsche, und es ist bald Ostern und die Glocken erinnern mich daran, dass ich ein zu Hause habe, wo ich erwartet werde. Ich habe einen Vater, der mir beibringt, dass ich nichts zu fürchten brauche, und mir sehr viel Liebe für die Menschen mitgegeben hat – egal wie kauzig, verrückt oder schuldig sie sind.

Ich bin nicht nur Therapeutin, sondern Jungenpädagogin. Und das liegt ganz sicher an meinem Vater. Die Rollen bei uns zu Hause waren sehr klassisch verteilt – und doch wieder nicht. Mein Vater verdiente das Geld, während sich meine Mutter um den Haushalt kümmerte. Mein Vater konnte reden und meine Mutter zuhören. Meine Mutter half uns bei den Hausaufgaben. Mein Vater fuhr das Auto. Und dennoch war mein Vater kein typischer Mann – was auch immer das sein mag, und meine Mutter keine typische Frau – was auch immer das sein mag. Mein Vater ist ein Künstler. Er malt, fotografiert, musiziert. Er liebt die Natur und kennt jede Pflanze mit Namen.

Er feierte mit uns unsere Kindergeburtstage und erzählte uns Geschichten. Mein Vater hatte einen Spieleschrank.

*Der Pflanzenfreund*

Dort wurde auch seine Schminkkiste aufgehoben. Ich liebte es, mich zu verkleiden. Mein Vater half uns bei der Verkleidung und schminkte uns anschließend, um dem Kostüm den letzten Schliff zu geben. Ich durfte mich immer verkleiden. (Außer einmal! Diese Geschichte muss ich hier kurz am Rande erzählen, weil sie so typisch für meinen Vater ist: Ein einziges Mal durfte ich mich nicht verkleiden. Ich muss zwölf oder dreizehn Jahre alt gewesen sein. Es war Karneval und ich wollte – wie alle anderen – verkleidet zur Schule gehen. Ich bat meinen Vater um Hilfe. Aber er reagierte ganz anders, als ich erwartet hatte. Er fragte mich: „Warum willst du dich verkleiden?", und ich sagte: „Weil alle es tun!" Woraufhin er antwortete: „Wenn das der Grund ist, darfst du es nicht!" Ich war entsetzt. Außerdem schämte ich mich bei dem Gedanken als Einzige in der Klasse nicht verkleidet zu sein. Und doch wusste ich, dass mein Vater recht hatte. „Weil alle es tun!" ist ein schlechtes Argument. Du sollst nicht einfach mitmachen. Du hast deinen Kopf, um selbst zu denken! So war mein Vater.)

Ich durfte mich also – eigentlich – immer verkleiden und spielte am liebsten Indianer und Cowboy. Oder Detektiv. Im Keller hatte ich eine Detektei, und mein Vater bastelte für mich einen Detektivausweis mit echtem Passfoto und mit Fingerabdruck. Von meinem Vater hatte ich auch die Idee, dass man ohne Survivalpaket nicht aus dem Haus gehen sollte. Mein Survivalpaket, das war ein kleines wasserdichtes Schächtelchen mit folgendem Inhalt: drei Streichhölzer und die Reibefläche einer Streichholzschachtel. Das sollte genügen, um ein Feuer anzumachen. Außerdem enthielt das Päckchen einen Kerzenstummel, eine Schnur und drei Groschen, um im Notfall telefonieren zu können. Wasserdicht war das Päckchen für den Fall, dass man mit seinem Kanu kentert (obwohl ich kein Kanu hatte).

Erst als ich zur weiterführenden Schule ging, fiel mir auf, dass ich als Mädchen am liebsten Jungenspiele spielte. Aber ich kam mir dabei nie wie ein Junge vor und war immer gerne ein Mädchen. Irgendwie hatten es meine Eltern geschafft, dass die Unterscheidung der Menschen in männlich und weiblich für mich sehr lange von nebensächlicher Bedeutung war. Und ich glaube, dass gerade diese Erfahrung eine Antriebskraft wurde, um mich für die Gleichberechtigung von Männern und Frauen einzusetzen. Deshalb bin ich Jungenpädagogin und setze mich dafür ein, dass Jungen und junge Männer zu ihrem Recht kommen.

Während ich schreibe, fällt mir auf, wie sehr mein Vater bemüht war, mir zu vermitteln, dass ich nichts zu fürchten brauchte. So lange man sein Survivalpaket dabei hat, kann einem nicht wirklich etwas passieren. Und Gott ist auch da! Und doch war das Grundgefühl meiner Kindheit – neben der familiären Idylle – ein Gefühl der Bedrohung. 1973 geboren, wuchs ich im Kalten Krieg mit einer latenten und kindlich-naiven Angst vor der Atombombe auf. Denn so sehr mein Vater vermitteln wollte, dass es nichts zu fürchten gibt, so sehr war er gleichzeitig daran interessiert, dass wir informiert waren. Natürlich sahen auch wir Kinder die Nachrichten. Außerdem sah mein Vater sonntagmittags den Presseclub und regte sich oft laut dabei auf. Das Prägendste für mein politisches Bewusstsein waren allerdings die Sommerurlaube im Wendland. Unseren Urlaub verbrachten wir jedes Jahr in Gartow in der Nähe von Gorleben. Der gelbe Aufkleber mit der roten Sonne und der Aufschrift: „Atomkraft – nein danke!" ist das Symbol, das ich mit dieser Zeit verbinde. Dabei war mein Vater ganz sicher kein Atomkraftgegner, jedenfalls kein aktiver, aber er liebte die Natur und die Schöpfung. Er lehrte uns die Namen der bedrohten Tierarten und Pflanzen. Diese Urlaube haben meine politische Meinung mehr geprägt als alles Zeitungslesen. Gartow, das war Freiheit. Auch mein Vater war dort freier als zu Hause, ausgeglichener und entspannter. Einmal – es war früh morgens, noch vor Sonnenaufgang, der Tau fing sich in den Spinnennetzen, und der Nebel tat das Seine, um die Landschaft zu verzaubern – konnte mein Vater nicht mehr schlafen. Zu Hause hätte er wohl angefangen zu grübeln und sich Sorgen zu machen, aber hier nahm er seine Kamera, setzte sich auf sein Fahrrad und fuhr los um zu fotografieren. Als die Sonne aufgegangen war und er mit seinem Fahrrad in den Ort kam, hatte er die Idee, er könnte Brötchen mitbringen. Er griff nach seinem Portemonnaie, das sich immer in der rechten hinteren Hosentasche befand, aber es war nicht dort – er trug nämlich noch seinen Schlafanzug. So wurde es jedenfalls erzählt.

Ich glaube, wir – seine Töchter – lieben diesen Urlaubsort bis heute auch deshalb so sehr, weil wir dort einen entspannten Vater erlebten. Zu Hause war er immer auch der Pfarrer und nicht nur der Vater.

Mein Vater hat uns oft die Geschichte seiner ersten Berufung erzählt. Er war gerade 16 Jahre alt und lag krank im Bett. Er hatte Rheuma und es ging ihm elend. Eines Tages hörte er, wie sich der Arzt mit seiner Mutter unterhielt. Es war offensichtlich, dass diese Unterhaltung nicht für seine Ohren bestimmt war. Was er hörte, ließ ihn glauben, er müsse sterben. Auf seinem Nachttisch lag seine Bibel. Er schlug sie auf und fand diesen Vers: „Du sollst nicht sterben, sondern leben und die Worte des Herrn verkündigen!" (Psalm 118,17) Diese Worte trösteten ihn, und gleichzeitig pflanzten sie die Idee in sein Leben, er werde Pfarrer. Jahre später erlebte er eine zweite Berufung. Zu dieser Zeit wollte er Biologe werden. Die zweite Berufung führte aber dazu, dass er Theologie studierte und tatsächlich Pfarrer wurde. Ich glaube, dieses Amt war für ihn eine Berufung – und oft eine Last.

Mein Vater ging früher als geplant in Rente, weil er durch eine Netzhautablösung auf beiden Augen nur noch sehr wenig sehen konnte. Meine Erinnerungen an diese Zeit sind wenig präzise. Er musste – soweit ich mich entsinne – über Nacht ins Krankenhaus und wurde operiert. Nach der Operation musste er ein Jahr lang warten, bis er wusste, wie gut er wieder sehen würde. Einmal mehr war mein Vater angewiesen auf andere und brauchte Hilfe. Aber meine Schwestern Dorothea und Christina waren bereits ausgezogen. Ich lebte als jüngste Tochter noch zu Hause und hatte gerade meine Ausbildung zur Erzieherin begonnen. Und ich hatte mich in Stefan verliebt, mit dem ich heute verheiratet bin. Ich wurde unabhängiger und konnte deshalb meinen Eltern in dieser Zeit ein Gegenüber werden. Und ich erlebte, dass mein Vater mich brauchte. Aber dieses Mal brauchte er nicht nur ein Predigtfeedback oder meine Unterstützung im Kindergottesdienst. Er brauchte meine Fröhlichkeit, meine Zuversicht und mein Mitgefühl. Dann zog auch ich aus, um in Neukirchen-Vluyn meine Ausbildung zur Erzieherin zu machen. Während des ersten Praktikums in der stationären Jugendhilfe erlebte ich einen echten Kulturschock. Mit meiner Fröhlichkeit, meiner Zuversicht und meinem Mitgefühl ging ich den Jugendlichen schrecklich auf die Nerven. Außerdem starb mein Opa Johannes in diesem Jahr, und ich wusste: Die Kindheit ist vorbei! Ich hatte schreckliches Heimweh. Gleichzeitig bestimmte das Grundgefühl: „Es kann losgehen!" mein Leben. Ich habe damals meine Kindheit wie eine gute Vorbereitung erlebt. Ich fühlte mich gut ausgerüstet mit einem emotionalen Survivalpaket und dem Wissen, dass Gott ja auch noch da ist. Den wichtigsten Beitrag dazu hat mein Vater vielleicht ganz unwillkürlich geleistet, in dem er mich brauchte – als er nicht mehr gut sehen konnte und überhaupt. Mein Vater braucht mich! Diese Erfahrung hat meinen Glauben und meine Beziehung zu Gott sehr geprägt.

Martin Buber beschreibt das so: „Dass du Gott brauchst, weißt du alle Zeit in deinem Herzen. Aber nicht auch, dass Gott dich braucht? Wie gäbe es dich, wenn Gott dich nicht bräuchte? Du brauchst Gott, um zu sein, und Gott braucht dich zu eben dem, was der Sinn deines Lebens ist!" Wenn ich gefragt werde, was mich in meinem Leben am fröhlichsten macht, dann nenne ich meinen Mann Stefan an erster Stelle. Wenn ich gefragt werde, was meinem Leben Sinn verleiht, dann nenne ich Gott an erster Stelle, der mich berufen hat. Und ich glaube, beides habe ich von meinem Vater: sich von dem Menschen, den man liebt, aufmuntern zu lassen und sich berufen zu wissen. Auch das habe ich von meinem Vater.

Vor neun Wochen wurde mein Vater Großvater. Wenn er unseren Sohn Paul im Arm hält, summt er leise ein Lied – ein erfundenes. Immer wieder sieht er seinen Enkel an und sagt: „Was bist du für ein Wunder!" Und ich sehe in meinem Vater wieder den Mann im Schlafanzug.

*Katharina Brudereck, 1973 im Sauerland geboren, ist Erzieherin, Dipl.-Psychologin und systemische Therapeutin. Sie arbeitet im Neukirchener Erziehungsverein und ist Mitglied der Neukirchener Bruderschaft. Sie liebt es, zu reisen und Musik zu hören, und lebt in Essen in einer evangelischen Kommunität und engagiert sich beim CVJM e/motion.*

Magdalene Deitenbeck

# Der große Schenkende

Am Tag, als ich meinen Vater kennenlernte, war ich fast acht Jahre alt. Bis dahin war er ein Bild auf meinem Nachttisch. Mutter hatte mir immer viel von ihm erzählt, ihn mir lieb und vertraut gemacht.

Wir holten ihn am 22. September 1948 in Munsterlager in der Lüneburger Heide ab. Von dort wurden die Kriegsgefangenen, die aus Russland kamen, nach Hause entlassen. Wir standen vor dem großen Tor, mein Onkel, meine Mutter und ich, und über den großen Platz dahinter kamen zwei Männer auf uns zu, von denen einer mein Vater sein musste. Ich weiß noch, wie ich

*Der fremde Vater auf dem Nachttisch: Paul Deitenbeck (1912–2000)*

mich an den Eisenstäben des großen Tores festklammerte, und dann an eine Umarmung von einem der Männer.

Mein Vater, immer großzügig, hatte einem Lüdenscheider, den er im Entlassungslager getroffen hatte, angeboten, ihn mit nach Hause zu nehmen. Die Familie dieses Mannes wusste noch gar nicht, dass er heim kam. So saß ich bei der

Rückfahrt vorne auf dem Schoß meiner Mutter, während die beiden Entlassenen Zigarren rauchend auf der Rückbank saßen. Endlich Zigarren. Und Vater hatte viele Fragen. Doch ihre Beantwortung wurde immer wieder davon unterbrochen, dass wir anhielten, weil ich brechen musste. Das Autofahren und der Rauch waren nicht so mein Ding. Die Ungeduld, endlich heim zu kommen, war natürlich groß und meine Brecherei dabei nicht förderlich.

Nach Hause kam ein kranker Mann, voller Wasser im Körper, der auf der Fahrt nach Hause erfahren musste, dass sein Vater nicht mehr lebte und dass seine Mutter „verkalkt" war; so nannte man das damals.

Meine Mutter hatte Verwandte und Freunde gebeten, bitte nicht als Empfangskomitee zur Stelle zu sein, wenn wir heim kämen. Doch im Garten stand der Chor und fing an zu singen. Das Haus war voller Leute, die Vater begrüßen wollten. Meine Oma erkannte ihren eigenen Sohn nicht. All das stürmte auf meinen Vater ein. Und ich war mittendrin. Alle wollten etwas von ihm, auch ich. Ich wollte ihm meine Puppe zeigen, drängte mich durch. Da rutschte ihm die Hand aus. Ich verzog mich hinters Haus in eine Ecke, wo Vaters Feldtasche lag, aus der ein paar trockene Kekse, seine Marschverpflegung, herausguckten. Meine Mutter fand mich dort, nahm mich in den Arm. Jahrzehnte später hat sie meinen Vater auf dieses Geschehen angesprochen. Er wusste „Gott sei Dank" gar nichts davon. Es ist ihm auch nie wieder „die Hand ausgerutscht". Verstanden habe ich die Situation damals gut, aber sie hat doch das Verhältnis zu meinem Vater lange Zeit geprägt.

Wir hatten im großelterlichen Haus die Wohnung meines Onkels übernommen und lebten dort schon längere Zeit, da unsere Wohnung in Bielefeld ausgebombt worden war.

Vater und Mutter mussten nun wieder zueinanderfinden. Sie hatten ja nur ein Jahr Ehe-Alltag gelebt, ehe Vater als Soldat eingezogen worden war und dann später in russische Gefangenschaft geriet. In den letzten Jahren hatten sie sehr unterschiedliche Entwicklungen durchgemacht. Und auch wenn Vater mich als Säugling schon auf dem Arm gehalten hatte, war ich nun acht Jahre alt, und er hatte keinen meiner Entwicklungsschritte begleitet. Mutter und ich waren ein eingeschworenes Team; wir hatten die letzten Kriegsjahre und die Nachkriegsjahre miteinander durchgestanden. Die Situation war für meinen Vater wahrlich nicht einfach. Ich ging mit allen Fragen zu meiner Mutter und wandte mich selten an meinen Vater, auch wenn Mutter mich immer zu ihm schickte.

Für Vater wurde unser Familienleben neben dem Gemeindeleben zu etwas ganz Wichtigem. Samstagnachmittags gingen wir immer als Familie spazieren, meistens zur Fuelbecke. Immer kehrten wir dann dort ein. Vater war mit seinen Gedanken bei der Predigt und hörte kaum, was wir sagten. Dennoch

*Fürs Singen ist immer Zeit*

waren diese Nachmittage für ihn sehr wichtig. Wenn ich mal nicht mit wollte, weil ich lieber etwas anderes unternehmen wollte, machte ihn das traurig, und er sagte es mir auch und fragte, ob mir das andere wichtiger sei. Natürlich wollte ich auf keinen Fall meinen Vater traurig machen. Dieser Wunsch bestimmte unterbewusst mein Verhältnis zu ihm.

Einige Jahre später kamen an den Samstagnachmittagen auch meine beiden Freundinnen mit. Man hörte uns schon von weitem, denn zusammen sangen wir Lieder, drei- und vierstimmig und aus voller Kehle. Meine Freundinnen waren oft an den Wochenenden bei uns und wurden zu Kindern im Hause. Vater setzte sich ans Klavier, und wir sangen, was das Zeug hielt.

Singen wurde bei uns überhaupt groß geschrieben. Vater setzte sich sonntags schon früh ans Klavier und sang Choräle. Ich stellte mich dazu und sang kräftig mit. Wir bildeten ein gutes Duo. Bei seinen Predigten im Gemeindegottesdienst, aber auch bei seinen Vortragsdiensten bei Allianzkonferenzen konnte es passieren, dass er plötzlich sagte: „Magdalene komm doch mal, wir wollen mal ‚Oh Heiland, fülle meinen Tag' oder ‚Fürchte dich nicht, denn du bist mein' singen." Und Magdalene kam, meistens gerne.

Vater konnte seine Liebe nicht durch Zärtlichkeiten ausdrücken, aber er zeigte uns immer wieder, wie sehr er an uns dachte. So brachte er von seinen Auswärtsdiensten immer etwas für uns mit. In der Nachkriegszeit war das Wür-

„*Magdalene, komm mal rauf zum Singen …*"

felzucker, den er sich vom Munde absparte. Er hatte oft wenig Zeit zwischen den Diensten, so brachte er später Wappenlöffel mit, die man auch am Bahnhof oder Flughafen kaufen konnte. Meine 38 Wappenlöffel habe ich bis heute gut verwahrt; ab und zu müssen sie geputzt werden.

Vater machte gerne Freude. Niemand verließ unser Haus, ohne etwas geschenkt bekommen zu haben. Er war unglücklich, wenn er nichts da hatte, das er verschenken konnte. In der Zeit, als Marzipan noch eine ungeheure Kostbarkeit war, hatte ich zum Geburtstag eine Stange davon geschenkt bekommen. Weil ich meinen Vater kannte, hatte ich diese Stange im Keller weit hinten im Regal versteckt, um sie später mit meinen Freundinnen zu teilen. Plötzlich war sie weg. Alle wurden gefragt, Mutter, Oma, Opa, auch Vater. Der hatte sie verschenkt. Ihm war gar nicht der Gedanke gekommen, dass sie mir gehören könnte. Er war der Meinung, dass sie so weit hinten im Regal gelegen hätte, weil sie dort vergessen worden wäre. Ersatz gab es nicht. Er war so unglücklich über sein Vertun, dass mein Kummer ganz klein wurde.

„Schenken – Freude machen – um Jesu willen", das war Vaters Lebensmotto.

Meine Cousine und ich arbeiteten in derselben Arztpraxis und fuhren zusammen nach Amrum in den Urlaub. Vater brachte uns nach Hagen zum Zug und begleitete uns auf den Bahnsteig. Er wollte uns etwas Gutes tun, uns einen Becher Kaffee spendieren. Wir wollten aber gar keinen Kaffee trinken. Vater zog den Kaffee trotzdem aus dem Automaten, ging auf eine Bank zu, auf der mehrere Personen saßen, und bot einer Frau den Becher an. Sie nahm ihn tatsächlich. Ich schämte mich unendlich für meinen Vater, fand die Situation peinlich. Als wir im Abteil saßen und schon eine Weile fuhren, suchte uns diese Dame. Sie fragte nach meinem Vater. Wir sollten ihm bestellen, welches Gottesgeschenk dieser

Kaffee für sie gewesen sei. Sie war auf dem Weg zurück in die DDR und hatte kein Westgeld mehr. Sie wollte so gerne einen Kaffee oder sonst etwas trinken.

Ich war unendlich beschämt. Ähnliche Situationen habe ich in den weiteren Jahren immer wieder erlebt. Ich schämte mich für meinen Vater und wurde beschämt durch spätere Rückmeldungen. Er hatte „eine Antenne nach oben" und wusste, für wen seine Gabe zu dieser Zeit notwendig und hilfreich war.

Ihm selbst etwas zu schenken, war schwierig. Zwar freute er sich sehr über Geschenke, aber wenn es etwas Neues war, das er tragen oder benutzen sollte, fiel ihm das schwer. So kam es, dass ich seine neuen Aktenmappen zuerst benutzte, bis sie genug Gebrauchsspuren aufwiesen, um in seinen Besitz überzugehen.

Was mich bis heute zutiefst beeindruckt, war Vaters Treue im Kleinen. So schickte er Witwen oder Witwern zum Todestag ihrer Heimgegangenen noch nach Jahrzehnten einen Gruß. Seine Geburtstagsliste war unendlich lang. Aus dem Urlaub schrieb er hunderte von Postkarten und verschickte Friesenwaffeln, Schokolade oder Schwarzwälder Schinken an Einsame, und Freunde. Seine Fürbittenliste war genauso lang, und beim Tischgebet betete er für alle aktuellen Anliegen, von denen er wusste.

Er sagte einmal: „In den eigenen vier Wänden darf man nicht predigen, da muss man leben."

Das tat er. Ich habe einen Vater erlebt mit vielen Ecken und Kanten, mit einer ganz eigenen Prägung und mit besonderen Verletzungen. Aber er war immer authentisch in seinem Glauben.

In seiner Zeit als Jugendpfarrer kurvte Vater mit einer Vespa durch die Gegend. Einmal durfte ich mit ihm nach Bielefeld fahren, für mich eine Weltreise. Es war ein tolles Gefühl, hinter meinem Vater auf der Vespa zu sitzen, die Arme um seine Taille gelegt, ihn und seine Wärme und den Fahrtwind zu spüren. Ich war unendlich stolz und glücklich.

Als ich zehn Jahre alt war, wurde meine Schwester Annette geboren. Endlich hatte ich die heiß ersehnte Schwester. Mit zwei Jahren wurde sie schwer krank. Eine nicht erkannte Masern- oder Scharlacherkrankung hatte ihre Nieren angegriffen. Ein Jahr lang haben wir um ihr Leben gebangt, drehte sich alles um sie. Das hat uns zusammengeschweißt. Wir hofften auf ein Wunder. Doch Gott holte sie heim, einen Monat, nachdem sie drei Jahre alt geworden war. Ich verstand Gott nicht. Mutter sah ich den Kummer und die Trauer an. Bei Vater erlebte ich unendliches Vertrauen in die Führung Gottes. Er sagte: „Gott hat sich von dem Verwunden mehr versprochen als von dem Wunder." Aus diesem Vertrauen heraus konnte er seine eigene Tochter beerdigen. Seine Trauer und seinen Schmerz zeigte er mir nicht. Jahrzehnte später, als ich am Todestag meiner Schwester mit ihm zusammen im Wohnzimmer saß, kamen ihm die Tränen, und er sagte: „Es ist mir, als wenn es gestern wäre, es tut noch so weh." Da konnten wir zusammen weinen.

Meine Eltern und meine Großeltern von beiden Seiten waren lebendige Christen, die ihren Glauben auch im Alltag lebten. So bin ich sehr früh problemlos in einen eigenen Glauben hineingewachsen. Mutter und ich haben immer frei gebetet. Gebet wurde zu allen Zeiten bei uns groß geschrieben. Mit etwa 15 Jahren habe ich noch einmal eine ganz bewusste Entscheidung getroffen, mein Leben Gott zu übergeben, weil ich wusste, „Gott hat keine Enkelkinder, er hat nur Kinder".

Die Jahre, in denen Vater erst als Jugendpfarrer und dann als Gemeindepfarrer tätig war, waren zunächst Jahre des Aufbruchs und Aufbaus. Unsere Wohnung im großelterlichen

*Monika und Magdalene mit ihren Eltern*

Haus war klein, aber doch trafen sich dort Jugend- und Gemeindekreise, es gab Mitarbeiterbesprechungen, Mitarbeiterfreizeiten wurden geplant. Wir kauften Klapphocker, damit auch die, die im Flur Platz fanden, sitzen konnten. Es ging bei uns immer zu wie in einem Taubenschlag. Und ich war immer irgendwie mittendrin.

Vater war viel unterwegs, auch auswärts. Abends gab es die Gemeindekreise, alles drehte sich um Gemeinde und Bau von Gemeinde. „Hauptsache, dass für Jesus und sein Reich etwas dabei herauskommt", das war einer der Leitsprüche unseres Vaters. Dem wollte ich nachtun. Denn ich wollte auch gerne ganz viel für Gott tun, wollte ihm dienen. So bin ich früh Mitarbeiterin in der Gemeinde geworden, erst als Kindergottesdiensthelferin, dann als Jugendkreisleiterin, später haben meine Schwester Monika und ich einige Jahre sogar die gesamte Gemeindejugendarbeit geleitet.

Dass die Gemeinde an erster Stelle stand, war für mich damals absolut in Ordnung, das musste so sein. Ich war eine Meisterin darin, meine eigenen Bedürfnisse zu unterdrücken. Ich habe sie wirklich nicht gespürt und darum auch nicht geäußert. Vater konnte nie mit, wenn meine Klavierlehrerin ein Vorspielkonzert machte, denn das war am Nachmittag des Buß- und Bettags. Da hatte Vater Gottesdienst. Ich kann mich auch nicht erinnern, dass wir mal etwas gemeinsam nur für mich gemacht hätten. In den Zoo bin ich einmal gekommen, doch da ging der Frauenhilfsausflug hin, und ich durfte mit. Damals war das völlig in Ordnung für mich. Das war ja alles für Gott. Und für den wollte ich auch etwas tun. Ich spürte nicht und durfte für mich nicht spüren, dass ich gerne wichtig gewesen wäre, wichtig für meinen Vater. Vom Kopf her wusste ich ja, dass ich das war. Bei Mutter spürte ich es auch. Jahrzehnte später – ich bin „trockene Alkoholikerin" – habe ich in der Therapie eines Fachkrankenhauses für suchtkranke Frauen erlebt und gespürt, was ich alles unterdrückt habe, wie viel Kraft es mich gekostet hat und warum ich neben meinem Beruf als Lehrerin rund um die Uhr ehrenamtlich für die Gemeinde gearbeitet habe. Klar wollte ich Gott dienen, aber ich musste mich auch wichtig machen, im Sinne von unentbehrlich. Wenn ohne mich nichts ging, sozusagen auch bei Gott nicht, dann spürte ich, dass ich wichtig war. Diese blankgelegten Sehnsüchte zu spüren, das tat weh. Doch es war unendlich heilsam zu erleben, dass Gott mich liebt, einfach so, ohne dass ich viel für ihn tun muss, einfach weil ich sein Kind bin. Meine Vaterbeziehung aufarbeiten, meine Sehnsüchte ihm gegenüber, das war der schwerste Teil der therapeutischen Arbeit.

Jahre nach meiner Therapie war ich einmal mit den Kindern meiner Schwester im Freibad und sah dort voller Verwunderung einen Pfarrer mit seinen Kindern herumtollen. Ich erlebte bei mir Gefühle von Neid, Traurigkeit und auch ein bisschen Empörung, weil dieser Mann offensichtlich Zeit hatte, an einem Samstag mit seinen Kindern dort zu sein. Ich konnte diese Gefühle zulassen und einordnen. Es waren alte, nicht ausgelebte Gefühle aus meiner Kindheit. Ich konnte sie mir ansehen, verstehen, und dann war es gut.

Vater hatte nie mit mir getollt. Er nahm mich auch nicht in den Arm, denn das kannte er aus seinem Elternhaus nicht. Ich habe auch von mir aus nichts unternommen, um ihm körperlich näher zu kommen. Meine Oma – seine Mutter – schimpfte immer, wenn meine Mutter mit mir schmuste. Und

*Die Schwestern: ein starkes Team*

wir schmusten gerne. Oma war der Meinung, man schlägt seine Kinder nicht, aber man nimmt sie auch nicht in den Arm. Wie gut, dass ich einen Opa „von der anderen Seite" hatte, der, wenn er mir entgegenkam, seine Arme weit aufmachte, damit ich hineinlaufen konnte. Vater hat erst mit seiner dritten Tochter etwas mehr Körperkontakt gehabt, sie holte sich als Kleinkind einfach, was sie brauchte, krabbelte auf seinen Schoß und kroch zu ihm ins Bett.

Meine Schwester Monika wurde geboren, als ich 15 Jahre alt war. Sie war das einzige Kind, dessen Entwicklung unser Vater von Anfang bis Ende miterlebte. An ihrem herrlich unbefangenen Umgang mit ihm lernte Vater viel. Wir wuchsen noch einmal ganz anders als Familie zusammen. Zu meiner Schwester habe ich bis heute eine besonders innige Beziehung.

Als meine Ehe zerbrach, war das für meinen Vater etwas unendlich Schmerzliches. Nach meinem Zusammenbruch war ich für das Trennungsjahr, das mein Mann und ich vereinbart hatten, um zu prüfen, wie es weitergehen sollte, zurück ins Elternhaus gezogen. Ehe das Jahr vorbei war, bekam ich einen Brief vom Rechtsanwalt: Mein Mann hatte die Scheidung eingereicht. Vater und ich waren damals für eine Woche allein zu Hause. Als ich den Brief öffnete und ihn meinem Vater zeigte, habe ich ihn zum ersten Mal weinen sehen. Ich stand fassungslos neben meinem Vater, konnte ihn nicht trösten, hätte selbst Trost gebraucht. In diesem Moment blieb jeder mit seinem Schmerz allein.

Später ist mein Vater mit mir zum Rechtsanwalt gegangen und hat mir geholfen, die richtigen rechtlichen Schritte zu tun.

Viel schlimmer war sicher für meinen Vater, dass ich Jahre später zur Alkoholikerin wurde. Drei Jahre habe ich exzessiv getrunken; angefangen hatte es aber bereits zwei Jahre früher. Mein Vater stand zu mir, immer, jeden Tag, und konnte es doch nicht fassen. Fassen konnte er auch nicht, dass ich 1986 eine Langzeittherapie brauchte. Er selbst hatte erlebt, wie Menschen durch Gott vom Alkohol befreit wurden – ohne eine Therapie. Mutter versuchte es ihm zu erklären, weil sie es gut verstand. Vater wollte bis zuletzt nicht wahrhaben, wie schlimm es um mich stand. In den letzten drei Tagen vor der Fahrt zur Therapie flüchtete ich zu meinen Eltern, aus Angst wieder zu trinken. Ich wollte trocken im Fachkrankenhaus ankommen. Mein Vater räumte sein Bett, damit ich neben Mutter schlafen konnte. Er begriff wohl erst in diesen drei Tagen, wie schlimm es wirklich um mich stand. Warum gerade ich eine Langzeittherapie brauchte, das verstand er erst, als er mich im Fachkrankenhaus besuchte und mit dem damaligen Leiter, Herrn Dr. Rieth, sprach. Mit ihm entwickelte sich dann eine Freundschaft, und Vaters Einstellung zu Therapien veränderte sich. Für mich war es beschämend zu erleben, dass meine Eltern mich im Fachkrankenhaus besuchten. Ich schämte mich für alles, was ich ihnen angetan hatte, ich fühlte mich schuldig, gerade ihnen gegenüber. Und doch war ich froh, dass sie da waren, dass Vater die Möglichkeit hatte, mit einem gläubigen Therapeuten zu sprechen, seine Fragen zu stellen. So konnte ich später nach der Therapie auch heilsame Vergebung erfahren.

Vater lebte intensiv mit seinen Töchtern, täglich rief er an, um zu hören, wie es uns ging. Mir war das manchmal lästig, besonders wenn ich auf Tagungen oder Fortbildungen war.

Einmal war ich eine Woche zu einer Fortbildung und wurde jeden Mittag zum Telefon gerufen. Das war mir peinlich, und ich bat Vater, nicht täglich anzurufen. Mutter erzählte später, dass sie mit ihm neben dem Telefon gesessen und ihn beschworen habe, nicht anzurufen. Er hielt es nicht aus, nicht zu wissen, wie es mir ging.

Als meine Mutter schwer krank im Krankenhaus in Altena lag, holte ich meinen Vater immer mittags nach meinem Schuldienst zu Hause ab und fuhr ihn dort hin. Es waren wohl die schwersten Fahrten, die wir miteinander hatten. Die Angst und Sorge, wie wir meine Mutter vorfinden würden, lasteten schwer auf uns. Oft fuhren wir schweigend und jeder für sich betend durch das Rahmedetal. Am Morgen, als meine Mutter heimgegangen war, holte ich Vater ab. Er kam mir im Flur entgegen, ich nahm ihn in die Arme und konnte ihm sagen, wie lieb ich ihn habe. Dann standen wir eine Weile so da und weinten miteinander. Das war einer der kostbarsten Momente, die ich mit meinem Vater hatte.

Später im Auto auf der Fahrt zum Krankenhaus sagte er zu mir: „Jetzt wollen wir den Enkelkindern aber nicht zeigen, wie traurig wir sind." Ich verstand wieder einmal mehr, dass er mir damals beim Tod meiner Schwester seine Trauer nicht gezeigt hatte. Und ich war froh, dass ich mit meiner Nichte und meinen Neffen zusammen weinen konnte.

In der Zeit nach Mutters Heimgang meinte Vater, ich sei für Haus und Hof zuständig. Kochen lernte er noch selbst. Mitbringen durfte ich ihm nichts. Tat ich es doch einmal, musste ich es wieder mitnehmen. Er hatte immer Sorge, uns zur Last zu fallen. Statt unserer Mutter fuhr nun ich mit ihm nach Amrum. Wir hatten dort eine intensive Zeit miteinander, in der er viel von früher erzählte, von seinem Elternhaus und den Jahren mit Mutter. Zu Hause schaute ich jeden Tag bei ihm vorbei, als er schwächer wurde, auch zweimal am Tag, nach der Schule und abends. Manchmal passte ihm das nicht, dann war er etwas unwirsch. Doch kaum war ich zu Hause, rief er an und entschuldigte sich. Ich musste lernen, ihn in seiner Selbständigkeit nicht einzuengen. Später wartete er oft schon sehnsüchtig, weil ich ihm seine Spritze geben musste. Meine Schwester und ich hatten ein gutes Timing und eine gute Arbeitsteilung. Sie guckte morgens nach Vater, konnte viel mit ihm theologisch diskutieren. Ich guckte, dass in Haus und Garten alles funktionierte, und konnte pflegerisch zupacken, wenn es nötig war. Dabei hatten wir enorme Hilfe von einer sehr liebevollen Nachbarin und der ebenso liebevollen Haushälterin meiner Schwester.

Als unser Vater am 1. Advent 2000 heimging, war ich unendlich dankbar, dass ihm ein langes Krankenlager erspart worden war. Er hatte immer Sehnsucht nach unserer Mutter gehabt und wollte gerne heimgehen zu seinem Herrn und Heiland. Aber er hätte auch gern noch meinen 60. Geburtstag gefeiert. Das war ihm nicht vergönnt.

Ich hatte einen wunderbaren und liebevollen Vater. Ich wünsche mir keinen anderen.

*Magdalene Deitenbeck, Jahrgang 1940, ist pensionierte Lehrerin. Sie war Koordinatorin für Suchtvorbeugung und Gesundheitserziehung beim Schulamt für den Märkischen Kreis. Ehrenamtlich ist sie in der ev. Kirchengemeinde Lüdenscheid-Oberrahmede und als Notfallseelsorgerin tätig.*

## Monika Deitenbeck-Goseberg

# Gottes Sonntagskind

Es war ihm das Anliegen seines Lebens, anderen um Jesu Willen Freude zu machen."

Diesen Satz sollten einmal andere Menschen als Resümee über sein Leben stellen. Das hat mein Vater oft gesagt und sich gewünscht. Und er wollte so leben und sich auf eine solche Weise mit anderen Positionen auseinandersetzen, dass theologisch anders denkende Menschen oder gar Gegner sich ihn an ihr Sterbebett wünschen würden, damit er sie begleite.

Wie sollte ich unseren Vater beschreiben? Wie könnte ich vermitteln, wie sehr er und auf welche Weise er mich geprägt hat? Wo anfangen, wo aufhören? In welcher Systematik? Bei meiner Kindheit anfangen? Und erzählen, dass ich die einzige von drei Töchtern bin, die er von Anfang bis Ende ohne Unterbrechung aufwachsen erleben durfte? Die Älteste lernte er erst kennen, als sie acht Jahre alt war. Da kam er aus Krieg und Gefangenschaft zurück. Als sie ein Baby war, wurde er als Soldat eingezogen. Von der Zeit der Schwangerschaft hat meine Mutter uns erzählt, dass sie und mein Vater einmal im Monat von Bielefeld nach Lüdenscheid mit dem Zug fuhren, um dort die alten Eltern zu besuchen. Dabei sagte mein Vater jedes Mal auf dem Bahnhof zu ihr: „Hilde, bleib hier stehen. Der Zug wird so halten, dass hier die Tür ist." Und immer hielt der Zug so, dass da, wo sie standen, eine Tür zum Einsteigen war. Und jedes Mal sagte meine Mutter dann zu ihm: „Paul, du bist Gottes verwöhntes Sonntagskind."

Ich glaube, vor allem anderen hat das mein Herz geprägt: seine Art, so zu glauben. Kindlich, aber nicht kindisch. Und zwar im Zusammenspiel mit unserer Mutter, die ebenfalls voller persönlichem, engagiertem Glaubensvertrauen war, lebenspraktisch und mutig. Sie jagte Einbrecher. Sie tippte und verbreitete in der Nazizeit heimlich die Predigten meines Vaters. Irgendwann flog das auf, und sie wurde von der Gestapo geladen – genau an dem Tag, als die Amerikaner einmarschierten; das rettete sie vor den Folgen.

Meine Mutter war die praktisch Veranlagte und Couragierte, die, die Sachen reparierte, Motorrad und LKW fuhr und in Lüdenscheid die erste Tankstelle betrieb, bevor sie heiratete. Mein Vater war viel ängstlicher, vorsichtiger, als Kind sehr schüchtern, einer, der sich nicht vorstellen konnte, jemals einen Satz vor vielen Menschen zu sagen – und der später vor Tausenden predigte.

Als Kind und Jugendliche konnte ich das nicht glauben, mir nicht vorstellen, dass er früher so anders gewesen sein sollte. Ich erlebte ihn als Ermutiger, Vorwärtsschieber, Impulsgeber, Beweger. Erst viel, viel später und heute immer mehr ahne ich, wie vieles in seinem Leben im Glauben überwundene Scheu und Zurückhaltung war. Wie viel Kraft er brauchte, wie menschenscheu er eigentlich war, wie selbst ermutigungs- und trostbedürftig. Und wie er sich durchs Leben gedankt hat.

Das Danken nahm einen riesigen Raum in seinem Gebetsleben ein. Ich glaube, er dankte sich Zuversicht, Kraft und Mut an. Bei jeder Begegnung und jedem Telefonat fragte er mich: „Monika, haben wir nicht zu danken?" Und dann zählte er endlos Dinge auf. Aber auch Menschen dankte er. Es verging nicht ein Mittagessen, bei dem er nicht unserer Mutter für das schöne Essen dankte.

„Immer am Danken bleiben", war der Titel eines seiner Bücher. Und auch das ist für mich etwas Kurioses. Im Leben unserer Eltern blitzte immer auch etwas von „Gottes Humor" durch. Zum diesem Humor gehört für mich, dass diese grammatisch falsche, aber von meinem Vater geliebte Formulierung den Rang eines Buchtitels erklomm. Wohingegen ich auf der weiterführenden Schule es in einer meiner ersten Deutscharbeiten ganz dick als Fehler angestrichen bekam, als ich schrieb: „In Lüdenscheid ist es immer am Regnen."

Einmal im Jahr bekamen unsere Eltern Krach. Das war an Weihnachten, wenn unser Vater sich durch nichts und niemanden davon abhalten ließ, den Weihnachtsbaum selbst in den Ständer und die Kerzenhalter in den Stamm zu bohren. Er war absolut kein praktischer Mensch und konnte keinen Nagel gerade in die Wand schlagen. Unsere Mutter als das glatte Gegenteil hätte also Weihnachten weggucken müssen, bis die Weihnachtsbaumaktion vorüber war, aber das kriegte sie irgendwie nicht hin.

Den Rest der Zeit aber waren die beiden in ihrer enormen Unterschiedlichkeit ein ganz starkes Team. Unsere Mutter hatte es angeregt, dass in ihren Eheringen ein Dreieck eingraviert wurde. Es sollte zum Ausdruck bringen: Wir als Eheleute haben gemeinsam unseren Herrn als die Spitze, die den ersten Platz einnimmt, uns zusammenhält und unsere Hingabe verdient. So haben sie es für mich fassbar und überzeugend in aller Vielfalt und Menschlichkeit auch gelebt.

Unser Vater war als Gemeindepfarrer und Hutträger viele Jahre zu Fuß unterwegs, bevor wir ein Auto bekamen. Oft hat er mich an der rechten Hand gehabt und seine Mappe in der linken. Ständig ließ er dann meine kleine Hand los, um vor jemandem den Hut zu ziehen und ihn zu grüßen. Ich fand das als Kind sehr nervig. Aber unser Vater erklärte mir den Ausdruck der Wertschätzung, der darin lag. Diese Wertschätzung den Menschen gegenüber, seine unermüdliche

„Aufmerksamkeit nach unten", seine liebevolle Achtung gerade auch allem Geringen gegenüber, seine Freude an „Gottes Lieblingsart, im Stil von Bethlehem zu arbeiten", wie er das nannte, all das hat mein Aufwachsen geprägt.

Die „große" Magdalene mit der „kleinen" Monika

Wie gesagt, ich war die Einzige, die er durch alle Jahre hat aufwachsen sehen dürfen. Unsere Schwester Annette starb mit drei Jahren. Ich bin zwei Jahre nach ihrem Tod geboren, 15 Jahre nach meiner ältesten Schwester.

Als ich fünf war, war meine große Schwester aus dem Haus, und ich war Einzelkind. Bis dahin hatte ich quasi zwei Mütter. Später haben wir zusammen Jugend- und Gemeindearbeit gemacht, und von da an waren wir Schwestern und haben immer alle Höhen und Tiefen zusammen durchgestanden.

Meine Familie hat es großartig fertiggebracht, Annette zu unser aller Leben dazugehören zu lassen. 14 Monate war sie schwerkrank gewesen, bevor sie starb. Ich hörte als Teenager einmal, wie unser Vater zu jemandem sagte: „Ein Kind zu verlieren – das verwindest du nie." Unsere Mutter hat sich in den Wochen ihres eigenen Sterbens immer auf das Wiedersehen mit Annette gefreut. Annette hat in meine Kindheit und mein Leben immer hineingehört, zu uns gehört. Ich war manchmal traurig, dass ich diese Schwester nicht mehr hatte, obwohl ich sie ja gar nie kennengelernt

*Paul Deitenbeck, immer besorgt um Leib und Seele*

hatte. Aber es war keine Schwermut in unserer Familie; wohl Heimweh, Sehnsucht, aber nichts Zerstörerisches. Mein Vater konnte zusammen mit unserem Onkel, seinem Bruder, sich in schillernden Farben die Ewigkeit ausmalen, in ganz irdischen Bildern. Er freute sich zum Beispiel darauf, dass er „Durcheinander", sein westfälisches Lieblingsgericht, essen würde und dass unser Onkel Karl im Himmel Handball spielen würde, seinen Lieblingssport. So war die Vorstellung von Ewigkeit für mich von klein auf nah, real, uns umgebend; meine Schwester war uns vorausgegangen. Später hörte ich in den Predigten unseres Vaters, dass wir herausgenommen sind „aus Versäumnispanik und Nachholungshunger".

Ich liebe all diese Gedanken und schwärme gern von der Ewigkeit, genau wie es unser Vater tat. Wie sehr haben mir unsere Eltern das Vermögen mitgegeben, von frühester Kindheit an mit Tod und Sterben umzugehen – ohne den Verlust gering zu machen, sondern indem wir den Trost und die große Vorfreude vorleben, sozusagen mit den Füßen fest im Himmel stehend. Das alles hat mich für die Herausforderungen in der Sterbebegleitung, in der Seelsorge und in der Obdachlosenarbeit stark geprägt. Das entdecke ich je länger, je mehr. Ich denke zum Beispiel an einen sterbenden jungen Vater und herzlich persönlich glaubenden Christen, der wenige Tage vor seinem Sterben zu mir sagte: „Moni, erzähl mir noch ein bisschen vom Himmel. Du kannst so schön davon schwärmen." Ich weiß, von wem ich das habe.

Eine ganze Reihe von Sätzen meines Vaters hat sich mir tief eingeprägt, Sätze, die ich unzählige Male in Predigten und in persönlichen Gesprächen von ihm gehört habe. Sie begleiten mein Leben und steigen in entscheidenden Situationen mit befreiender Wirkung in mir hoch. Dazu gehören Sätze wie: „Wir müssen uns im Leben niemals selbst die Türen auftun. Wir müssen nicht mit dem Kopf durch die Wand. Gott hat selbst das größte Interesse daran, unser Leben groß anzulegen. Deshalb müssen wir nicht Schicksal spielen. Er sorgt dafür, dass diejenigen Menschen, die wir brauchen, zur rechten Zeit in unserem Leben erscheinen. Ja, sogar die rechten Bücher. Eine unendliche Gelöstheit darf deshalb in unser Leben hineinkommen. Wir sollen das Unsere tun, aber dann schauen, wo die Tür aufgeht und ob sie aufgeht." Aber auch: „Zum Bleiben in einer Berufung brauchen wir keine Weisung, zum Weggehen aus einer Berufung jedoch schon. Wir können eine neue Tür erst aufmachen, wenn wir die alte hinter uns zumachen können."

Aus dieser Überzeugung wuchs für ihn endlose Treue. Treu „Poahl halten", wie wir im Sauerland sagen, also das treue und beharrliche Durchhalten gehörte immer zu uns. Übernommene Aufgaben wirft

*Die Gute Nachricht*

man nicht einfach so über Bord. Vielleicht liegt hier der Grund dafür, dass ich mich schwertue, wenn es an der Zeit ist, Dinge und Aufgabenbereiche loszulassen oder aufzugeben.

„Treue im Kleinen" und die „schenkende Aufmerksamkeit nach unten", das waren Formulierungen, die wir immer wieder gehört und erlebt haben. Mein Vater predigte, was er lebte, und lebte, was er predigte, und er wirkte dabei niemals abgehoben.

Er gönnte von Herzen und freute sich immer an mir und meinem Werdegang. Ich war ein erbetenes und umbetetes Kind. Eine ganze Gemeinde hatte für mich gebetet und sich mitgefreut, als unsere Mutter mit 42 Jahren, ein Jahr nach dem Tod ihres zweiten Kindes, noch einmal schwanger wurde. Keine Gelegenheit ließ unser Vater aus, um mir zu sagen, wie lieb sie mich hatten. Bis an sein Lebensende, in jedem Telefonat, bei jedem Besuch.

Sagen konnte er es, aber mit körperlicher Wärme ausdrücken konnte er es nicht. Mein Vater konnte uns nicht in den Arm nehmen. Er hatte in seinem Elternhaus eine ganz verklemmte Prägung erfahren und als kleiner Junge oft den plattdeutschen Satz zu hören bekommen: „Junge dat es to geföhlig." („Junge, das ist zu gefährlich.") So hatte er weder Fahrrad fahren noch auf Bäume klettern, noch seine geliebte Dampfmaschine besitzen dürfen. Außerdem galt der für mich heute unfassbare Satz: „Man darf seine Kinder nicht spüren lassen, wie sehr man sie liebt." Die Kinder seiner Generation wurden nicht in den Arm genommen. Das hat sich auf unseren Vater verheerend ausgewirkt: Er konnte uns Kinder nicht in den Arm nehmen. Wenn ich ihm zur Begrüßung einen Kuss auf die Wange drückte, machte er sofort mit dem Arm eine spontane Abwehrbewegung. Den körperlichen Ausdruck von Liebe haben wir entbehrt, er hat uns gefehlt und ein Defizit hinterlassen. Ich habe es als Kind und Jugendliche natürlich nicht bewusst erkannt, aber es ist mir später in aufarbeitenden Gesprächen klar geworden. Vermutlich habe ich deshalb die zunehmende Neigung entwickelt, meine eigene Zuwendung über das herzliche In-den-Arm-Nehmen zum Ausdruck zu bringen. So haben Stärken wie Defizite meines Vaters sich in meinem Leben ausgewirkt und ihre Spuren hinterlassen.

Unser Vater sprach von den drei „Universitätsstudien", die er in seinem Leben gemacht habe: Das erste war das wirkliche Universitätsstudium in der Hitlerzeit, während dem er der Bekennenden Kirche angehörte und an dessen Ende er sein Examen hinter verschlossenen Türen ablegte. Als zweites Studium bezeichnete er seine russische Gefangenschaft: vier Jahre Heimweh und Wassersuppe mit Klepp in Moskau und Nikolajew. Er erzählte uns, wie er jeden Tag den anderen Kameraden die Losung sagte und ihnen eine Aufgabe stellte, um sie innerlich am Leben zu erhalten, zum Beispiel: „Erzählt euch gegenseitig, was das wichtigste Ereignis in eurem Leben war", oder: „Wer war für euch der kostbarste Lehrer?" Er durfte im Lager auch Gottesdienste halten. Offensichtlich hielt der Lagerkommandant ihn für einen wichtigen Faktor, was die Atmosphäre im Lager anging. Deshalb holte er ihn, als er mit einigen anderen nach zwei Jahren zu einem vorzeitigen Heimattransport ausgesondert worden war, mit den Worten wieder aus der Reihe heraus: „Den brauche ich hier noch." Da fiel ihm seine Bedeutung für andere „aufs Butterende": Die Gefangenschaft verlängerte sich um zwei weitere Jahre.

Als mein Vater aus der Reihe der Ausgesonderten wieder heraustrat, sagte ein Kamerad zu ihm: „Paul, Gott hat dich vergessen." Und als er mir das später erzählte, kommentierte er: „Da habe ich gegen mein eigenes Herz gesagt: Nein, Gott hat mich nicht vergessen."

Das alles hat sich mir tief eingeprägt und meine Lebenseinstellung beeinflusst. Auch eine andere Erzählung aus der Zeit der Gefangenschaft ist bei mir „hängengeblieben": Nach einem halben Jahr hatte mein Vater zusammen mit zwei Kameraden für einen bestimmten Tag einen Fluchtversuch geplant. Die beiden hatten eine Landkarte organisiert und Brot als Proviant gesammelt, aber mein Vater hatte immer gebetet, dass Gott einen Riegel davor schieben möge, wenn es nicht sein sollte. Am Tag vor der geplanten Flucht versuchten drei andere Gefangene einen Ausbruch. Die Sicherheitsvorkehrungen wurden daraufhin so verschärft, dass an Flucht kein Gedanke mehr sein konnte. Und dann stand am Tag der geplanten Flucht im Losungsbuch der Bibelvers: „Der Herr wird deine Sache selbst hinausführen, und du darfst stille sein." Von diesem Tage an betete unser Vater täglich ein Gebet, das ich bis heute auswendig kann: „Herr, vor dem von dir bestimmten Zeitpunkt kann ich nicht heim, darf ich nicht heim und will ich nicht heim. Du wirst mich auf deine wunderbare Weise zu deinem wunderbaren Zeitpunkt nach Hause bringen. Und wenn ich zu Hause bin, gib mir einen vollen Auslauf meiner inneren Berufung. Mach mich zu einem verborgenen Bischof deiner weltweiten Gemeinde, nicht der Aufmachung, aber der Wirkung nach."

Es ist alles Punkt für Punkt wahr geworden: Er wirkte im Segen als Gemeindepfarrer mitsamt überörtlichen Aufgaben in einem weiten Radius. Er wurde später Vorsitzender der Deutschen Evangelischen Allianz, Vorsitzender der deutschen Zeltmission, er holte Billy Graham zu den Großevangelisationen nach Deutschland, er rief mit anderen zusammen die „Gemeindetage unter dem Wort" in der Dortmunder Westfalenhalle und anderenorts mit Zehntausenden von Menschen ins Leben.

Es wurde ihm viel „Einflussgnade" geschenkt – eine Wortschöpfung meines Vaters. Wenn Menschen das Geschenk erleben durften, dass sie eine Situation segensreich, konstruktiv und mit guter Autorität beeinflussen konnten, dann sprach er von „Einflussgnade".

Zu seinem 80. Geburtstag stand die Titelzeile in „Unsere Kirche": „Paul Deitenbeck – ein heimlicher Bischof". Natürlich dachten wir an sein Gebet: „nicht der Aufmachung, aber der Wirkung nach" – ein Gebet, das die Artikelschreiber aber gar nicht kannten. Das alles beeindruckt mich bis heute.

Dennoch haben sich bei mir auch Sachen festgehakt, die nicht nur befreiend sind. So sagte unser Vater beim Mittagessen gerne: „Ach, Monika, Hausbesuche sind so wichtig." Und siehe da: Wenn ich heute an einem Tag keine Hausbesuche gemacht habe, komme ich mir vor, als hätte ich nicht gearbeitet, egal, wie sehr ich an diesem Tag „geackert" habe.

Früher haben wir außerdem den Kopf geschüttelt, wenn mein Vater Hunderte von Kartengrüße aus dem Familienurlaub schrieb. Er wollte auf diese Weise besonders Kranke, Einsame, alte Menschen und solche, die sonst nie einen Kartengruß bekamen, erfreuen.

Und siehe da – was tue ich heute? Genau dasselbe. Meine Familie trägt es mit derselben kopfschüttelnden Fassung wie wir damals. Da kann man nur gespannt sein, ob es meine Kinder „genauso anders" machen wie ich.

*Der „heimliche Bischof"*

Sein drittes und schwerstes Universitätsstudium, so hat mein Vater immer gesagt, war seine Witwerschaft. Drei Jahre hat er unsere Mutter überlebt. Sie starb mit 85 Jahren, da war er ebenfalls 85. Danach lebte er bis zu seinem Tod allein im alten Pfarrhaus, das seine Eltern gebaut hatten. Er lernte kochen und wollte sich partout selber versorgen. Drei Jahre lang bin ich jeden Morgen zu ihm gefahren, um von acht bis neun Uhr bei ihm zu sein, während meine Kinder in der Schule waren. Wir haben Kaffee getrunken, Pfeife und Zigarillos geraucht – und die Weltgeschichte geordnet. Es waren drei geschenkte, intensive Jahre mit vielen Gesprächen, die bis heute mit mir gehen.

Wir Töchter haben ihn dafür bewundert, wie er alt geworden ist. Immer bereit, Neues zu denken, wurde sein Horizont immer weiter, sein Herz Jahr für Jahr immer noch weitherziger. Bis zuletzt predigte er und war dabei eine Abrahamsgestalt: körperlich klapprig, doch mit einer festen Stimme und in den Aussagen von größter Klarheit und immer berührend. Dienstagabends hielt er bis sieben Wochen vor seinem Tod Bibelabend. Nach der Diagnose Krebs hatte er noch sieben Wochen. Er schlief zu Hause ganz ruhig ein. Wir fanden ihn am Morgen in seinem Bett. Es war der Tag, bevor der Pflegedienst zum ersten Mal kommen sollte, ein Sonntag, der 1. Advent. Bestimmt genau der richtige Termin für einen Pfarrer, um heimzugehen.

Es war auch der Sonntag, an dem unsere Familie zum ersten Mal als Familienband den Gottesdienst gestaltete. Er hatte sich so darauf gefreut und hätte ja nicht dabei sein können wegen seiner Krankheit und Schwäche. Irgendwie hatte ich das Gefühl, den Gottesdienst konnte er sich nicht entgehen lassen – und er hat ihn dann aus der Ewigkeit heraus mit begleitet.

Wochen, bevor er starb, hatten wir ihm das Einverständnis abgerungen, dass wir einige seiner Predigten zu einem

Buch zusammenstellen durften. Da wünschte er sich den Titel „Botschaften von der anderen Seite". Als das Buch kurz nach seinem Tod erschien, hatte der Titel noch mal eine neue Bedeutung für uns bekommen.

*Monika Deitenbeck-Goseberg, Jahrgang 1955, ist seit dreißig Jahren Pfarrerin der Ev. Kirchengemeinde Oberrahmede in Lüdenscheid. Seit 1992 ist in einer von ihr gegründeten Obdachlosenarbeit engagiert. 2003 gründete sie das Webportal gott.net.*

## Claudia Filker im Gespräch mit
## Kathrin Kober und Annika Schneider

# Der Herzliche

**K**lein-August begrüßt mich am Eingang. Munter läuft er voraus und führt mich ins Wohnzimmer. Gediegener Berliner Altbau. August kündigt Weihnachtsplätzchen an. Eine Woche vor dem ersten Advent stehen selbst gebackene Plätzchen auf dem Esszimmertisch – eine stramme Leistung für eine junge Mutter zweier Kleinkinder, die als Richterin arbeitet, denke ich. Die Sache klärt sich auf: Patentante Annika hat den Teig gerührt. Sie ist zu Besuch bei der Schwester und ihrer Familie. Die Entfernung Essen – Berlin wird in beide Richtungen ein paar Mal im Jahr zurückgelegt: „Wir beiden Schwestern haben ein ziemlich enges Verhältnis." „Immer schon?", frage ich. Die beiden schauen sich an, nicken: „Ja, eigentlich immer schon."

Kathrin ist nur zwanzig Monate älter als Annika. Die eine ist 1975, die andere 1977 geboren. Für viele Schwestern ist das Grund genug, zeitlebens auf Abstand zu bleiben. Die beiden Schneidertöchter hat es zusammengebracht.

*Nikolaus Schneider (*1947), Ratsvorsitzender der EKD*

Sechs Jahre später kam die kleine Schwester Meike zur Welt. Sie lebt nicht mehr. 2003 erkrankte sie an Leukämie, zwei Jahre hat sie gekämpft, 2005 ist sie im Kreis der Familie gestorben. „In ihrer letzten Woche waren wir zu Hause alle zusammen bei ihr." Auch nach ihrem Tod bleibt Meike in der Familie präsent: „Wenn wir zusammen sind, ist Meike dabei. Wir reden viel von ihr. Und wir haben als Familie unsere Rituale. Wenn wir Weihnachten zusammen feiern, bringen wir ihr einen Zweig vom Weihnachtsbaum zum Friedhof."

Kathrin, Annika, Meike – die drei Töchter von Nikolaus Schneider, auf die er mächtig stolz ist. Darum nimmt er die beiden, die ihm geblieben sind, auch bei jeder sich bietenden Gelegenheit herzlich in den Arm: „Papa hat nie Scheu, uns in den Arm zu nehmen, zu zeigen, dass er uns lieb hat. Darum haben unsere Freundinnen uns früher schon beneidet."

„Sie haben Glück, dass ich dem Interview überhaupt zugestimmt habe." Kathrin, die Ältere, vermeidet es am liebsten, in der Öffentlichkeit zu stehen. „Im Gericht wissen nur wenige Kollegen, dass ich die Tochter vom Ratsvorsitzenden der Evangelischen Kirche bin. Ist mir auch lieber so. Ich war einmal bei einer Lesung in einer Kirche, als meine Eltern ihr Buch über die Erkrankung und den Tod unserer Schwester vorstellten. Da bin ich eigentlich über meine Grenzen gegangen. So was mag ich nicht." Der geschützte Raum der eigenen vier Wände macht den Einblick ins Private jetzt ein bisschen leichter.

„Kathrin ist das Papa-Kind, und ich bin das Mama-Kind." Der erste Keks ist kaum gegessen, da stellt die Jüngere das schon mal klar. Nach diesem Intro geht's ins Gespräch. Kathrin – das Papakind. So sehen es beide. Ist das auch okay, oder gibt es da ein bisschen Eifersucht? Nein, nein, das ist schon in Ordnung. Kathrin war ja zuerst da. Und praktischerweise war die Kleine so berufskompatibel. Papa Nikolaus war noch

*Der Vater und sein erstes Enkelkind*

Vikar, als seine erste Tochter geboren wurde, ein pflegeleichtes Kind. „Mama erzählt immer, wie Papa es genossen hat, in aller Ruhe seine Zeitung lesen zu können, während Kathrin seelenruhig an seiner Brust lag." Mit jedem Atemzug Nähe aufsaugen.

Papa Nikolaus hat seine kleine Erstgeborene überall hin mitgenommen. Sogar bei Hausbesuchen war sie dabei. Vielleicht so wie die kleine Rosalie, sein zweites Enkelkind, das während des Gesprächs einfach so unter dem Tisch sitzt und sich still beschäftigt. Wie Klein-Kathrin damals, mittendrin in den Rheinhausener Arbeiterwohnungen.

Die Menschen haben geredet, gelacht und geweint, wenn der junge Pfarrer mit der kleinen Tochter an der Hand in die Wohnungen kam. Vielleicht haben sie auch auf die Kirche geschimpft. Auf jeden Fall fanden sie beim Pfarrer ein offenes Ohr für ihre Nöte. Das Leben der einfachen Leute war ihm nicht unbekannt. Nikolaus Schneider, Sohn eines Hochofenarbeiters. 1947 im Ruhrpott geboren. Wer dort herkommt, dessen Herz schlägt für den Fußball – seine Leidenschaft bis zum heutigen Tag. Dass er eines Tages Pfarrer sein würde, war dagegen ungewöhnlich.

Wenn er in anderen Kirchen predigen musste, nahm er Kathrin auch dorthin mit. Da war sie noch im Kindergartenalter. Sie saß vorn in der ersten Bank, hatte ein Bilderbuch dabei und war mucksmäuschenstill. Papas tiefe Stimme kam von der Kanzel, mal laut, mal eindringlich und bestimmt oft tröstlich. Das, was Papa zu sagen hatte, war wichtig, ganz klar! Dafür musste man mit fünf, sechs Jahren nicht die Worte verstehen, nur die Tonlage. Die Begeisterung, die Leidenschaft – das alles hat Kathrin aufgesogen. „Ich fühlte mich geehrt. Und außerdem war das ein Wahnsinn-Trainingsprogramm für eine zukünftige Pfarrerin." Kathrin lacht. Ja, klar, Pfarrerin wollte sie werden. Vorsorglich lernte sie in der Schule schon mal Hebräisch, und die Eltern empfahlen ihr die besten Studienorte. Vater und Mutter hatten ja beide Theologie studiert, auch wenn die Mutter dann nicht Pfarrerin, sondern Lehrerin für Religion und Mathematik wurde. Als sie heirateten, gab es noch kirchliche Regeln, die es unmöglich machten, dass beide als Pfarrer arbeiten konnten.

„Irgendwann wurde mir klar: Ich kann auf keinen Fall Theologie studieren und Pfarrerin werden. Ich musste mich von meinem Vater abgrenzen und was Eigenes machen. Aber so einfach hat mein Vater meine Entscheidung nicht geschluckt. Er hat sich mit mir getroffen, sich erläutern lassen, warum ich nicht Theologie studieren möchte. Meine Eltern waren beide enttäuscht, aber nur mein Vater hat das so deutlich gezeigt. Ich habe dann ein soziales Jahr gemacht, weil ich nicht wusste, was ich nun machen sollte. Herausgekommen ist dann ein Jurastudium in Berlin. Nach einem Jahr, mit dem zeitlichen und räumlichen Abstand, habe ich ein Doppelstudium in Berlin begonnen – die Theologie kam nun doch noch dazu."

Und Vater Schneider bleibt dran: Nach der mündlichen Examensprüfung steht er mit Blumen vor der Tür und lädt seine Große zum Essen ein. Er ist so stolz, genießt den intensiven Gedankenaustausch mit Kathrin. So viel Aufmerksamkeit für die älteste Tochter.

Annika, die Jüngere: „Kathrin ist schon etwas Besonderes für Papa. Das können Sie auch so schreiben. Ich hatte dadurch irgendwie die einfachere Position. Ich habe zum Beispiel im Studium nie Druck durch meinen Vater erlebt. Ich mache dafür mit ihm Sport, manchmal spielen wir jetzt zusammen Tennis." Ist da wirklich gar keine Eifersucht? Ich muss doch noch mal nachhaken. „Nö, irgendwie nicht. Wahrscheinlich sind wir zu verschieden." Ein blonder Kopf nickt zustimmend dem dunkel gelockten zu. Hier die wirbelige Sportliche, dort der Bücherwurm. Hier die Fröhliche, die begeistert von ihrer Arbeit als Sonderschullehrerin für Menschen mit geistiger Behinderung erzählt, dort die Bedächtigere, die als Richterin ein ausgewogenes Urteil fällen muss.

„Aber weißt du noch, einmal war ich schon sauer auf Papa. Als er mich nach dem Abi abholte und ich ihm stolz erzählte, dass ich eine 1,9 geschafft habe, und er nur meinte: ‚Ach, ist doch nicht so schlimm.' Er hatte nur dein Traum-Abi im Kopf."

Annika lacht schallend. Kathrin wehrt bescheiden ab. Bloß jetzt nicht von ihren glänzenden Noten reden. „Dabei war er selbst kein besonders guter Schüler." Gut zu wissen. Das entspannt doch schon mal die Lage.

*Familienzeit*

„Als wir anstrengende Pubertierende waren, dachten wir manchmal, Papa ist ein Macho. Wenn er Mama das zehnte Mal beim Mittagessen versetzt hat. Er war so engagiert in seinem Beruf, erst als Gemeindepfarrer, dann als Diakoniepfarrer oder Superintendent. Manchmal war diese Unzuverlässigkeit in den Alltagsdingen schon nervig. Natürlich gab's Konflikte …"

Wie gut, dass bei den Töchtern schon die Altersmilde eingesetzt hat: „Heute denken wir, das war schon sehr gleichberechtigt zwischen unseren Eltern. Sie haben wirklich eine außergewöhnlich gute Beziehung."

Annika: „Seit der dritten Klasse habe ich Handball gespielt, richtig engagiert. Aber mein Vater hat das erste Mal ein Spiel von mir gesehen, als ich schon in der Unimannschaft gespielt habe." Dennoch war eins immer klar: „Wenn meinem Vater etwas ganz wichtig ist, dann macht er es auch. Letztens hatte ich eine schwierige Zahn-OP. Als mein Vater davon erfuhr, hat er seine Termine verlegt und mich zum Arzt begleitet. Die ganze Zeit ist er bei mir geblieben."

Oft war Vater Schneider abwesend, dann wieder ganz nah dran. Die Zeit, die er mit der Familie verbrachte, war oft von klar umrissenen Projekten bestimmt, sozusagen den wichtigen Zielen zwischen Himmel und Erde: Fahrrad fahren und Schwimmen lernen. Das Einmaleins können und Gottvertrauen einüben. „Bei Meike hat er das mit dem Radfahren dann aufgegeben. Da hatte er keine Lust mehr. Oder sagen wir besser: keine Geduld. Meike war schon im dritten Schuljahr und konnte immer noch nicht Fahrrad fahren. Deshalb wollte sie unbedingt Stützräder. Das war ja was für Papa. Er war ein erklärter Gegner von Stützrädern. Da hat er das Projekt aufgegeben."

„Ja, manchmal war er ungeduldig", behauptet Annika.

Kathrin widerspricht: „Ich kann mich nicht daran erinnern, dass er ungeduldig war."

Vielleicht waren es ja auch wirklich diese Stützräder, die ihn genervt haben. Sie widersprachen seiner Lebensphilosophie: selbst in die Pedale treten und ansonsten mit beiden Beinen auf dem Boden stehen. Das soll rüberkommen, bei den Töchtern allemal.

Aber es gab da noch mehr Projekte. Kathrin, die Ältere: „Als ich in der Schule das Einmaleins lernte, hat er mich jeden Morgen geweckt und mir eine Rechenaufgabe gestellt, weil er meinte, das Einmaleins muss man im Schlaf können." Ach, du meine Güte. Ein schöner Stoff für spätere Therapiegespräche, oder etwa nicht? „Nein, das war einfach nur lustig. Das war ein Spiel. Ich konnte das dann auch richtig gut."

Nee, an so was kann sich Annika nicht erinnern. Vater Nikolaus wird schon gewusst haben, was er welcher Tochter zumutet.

„Das Einmaleins hat Opa mit mir geübt", erinnert sich Annika.

Überhaupt – der Opa, Mutters Vater, der Bergmann aus Salzgitter. Ein frommer Mann und voller Lust am Leben. „Er konnte es gar nicht abwarten, uns schon als Grundschülerinnen das Skatspielen beizubringen." Opa hat sich ein Bein ausgerissen für seine Enkeltöchter: Kino, Minigolf, Skat kloppen wie mit den Kumpels. „Als wir klein waren, wollten wir den Opa heiraten, nicht den Papa!"

Jetzt doch mal Eifersucht im Hause Schneider? Nachdenkliches Achselzucken: „Ich glaub nicht." Bis dann die Briefe geschrieben wurden: Opa lag nach einer Krebsoperation im Krankenhaus, zu schwach, um die Briefe selbst zu lesen, die ihm die besorgten Enkelinnen schrieben. „Papa hat ihm unsere Briefe vorgelesen. Wir schrieben Opa, dass er uns so nah sei und wir so viele Erinnerungen an ihn hätten. Wir hätten ihn so lieb. Ich glaub, dass Papa beim Vorlesen der

Briefe erst klar wurde, wie viel uns unser Opa bedeutete. Danach hat er sich sehr um uns bemüht. Vielleicht war er wirklich ein bisschen eifersüchtig auf Opa."

Und dann war da noch die Sache mit den Arztbesuchen: „Mama hatte es damit nicht so, deshalb hat Papa alle Arztbesuche mit uns gemacht."

Im Schmerz den Kleinen beistehen. Händchenhalten bei der Impfspritze. Trösten, wenn's doch wehtut. Gleich ist es wieder gut. Meistens hatte Papa recht. Aber bei Meike wurde es nicht wieder gut. Da machte er die Arztbesuche auch nicht mehr allein mit seiner Tochter. Das haben seine Frau Anne und er gemeinsam durchlitten. Hoffen, Beten, Mitleiden. Gottvertrauen auf dem Prüfstand. Später haben sie ihrem gemeinsamen Buch über diese Zeit den Titel gegeben: „Wenn das Leid, das wir tragen, den Weg uns weist".

„Da braucht man ein festes Herz, und das schenkt uns Gott. Und das ist aus dem Glauben heraus möglich. Und dann wird der Kopf klar, und dann kann man auch damit zurechtkommen, dann kann man mit Niederlagen zurechtkommen, und dann wird man in den Siegen nicht abheben. Das ist mir ganz wichtig." So sagt es Vater Nikolaus Schneider bei seiner Amtseinführung als Ratsvorsitzender der EKD. Ein festes Herz und ein klarer Kopf – gut für Töchter.

*Kathrin Kober, geborene Schneider, Jahrgang 1975, lebt mit ihrer Familie in Berlin. Sie ist Juristin und Theologin. Annika Schneider, Jahrgang 1977, arbeitet als Sonderschullehrerin in Essen.*

## Claudia Filker

# Der Gutgläubige

So groß wird das deutsche Reich sein!" Der strenge, alte Schulmeister fährt mit seinem Zeigestock über die rissige Landkarte vom kleinen Deutschen Reich weit ausholend ins riesige Russland, die UdSSR. „Der Führer und die deutschen Soldaten werden siegen!" Die zehnjährige Ursula, meine Mutter, sitzt auf ihrer harten Schulbank und schaut ungläubig auf die ungleich großen Flecken. Hier das winzige Deutschland, dort die unendlich große UdSSR. Und mit der Klarheit des Kindes aus „Des Kaisers neue Kleider" denkt sie: „Das kann doch niemals gut gehen!"

Meine Mutter hat uns später oft von diesen Schulstunden erzählt. Von ihrem inneren Kopfschütteln, dem sie wohlweislich keine Stimme gab. Zu Hause saßen die Frauen am Küchentisch – die Mutter, die Tanten – und weinten, als Hitler den großen Krieg ausrief. So nah waren da noch die Erinnerungen an den Ersten Weltkrieg. Mein Opa Wilhelm war mit einem blauen Auge davon gekommen. Mit Gelbsucht aus Palästina zurückgekehrt hatte er es sich als Bahnbeamter mit Kleinvieh, etwas Ackerland für Rüben und Kartoffeln und mit seiner Familie gut in seinem Heimatdorf im Harz eingerichtet. Ihr Reich war groß genug. Und jetzt schon wieder Krieg!

Zur selben Zeit meldet sich mein Vater Siegfried freiwillig als Soldat. Gerade achtzehnjährig, die Lehre als Autoschlosser in der Oberlaussitz beendet, ruft er stolz und vor allem vom

Führer begeistert: „Hier bin ich!" So wie sein Vater Max, der Postbeamte mit Parteibuch mit kleiner Mitgliedsnummer – aus kaisertreu wurde flugs führertreu – es der ganzen Familie vorgemacht hatte. Vater vorneweg, Mutter Anna und die fünf Kinder hinterher. So sehe ich jedenfalls das Familienfoto, auf dem alle männlichen Familienmitglieder irgendwelche Uniformen, HJ-Halstücher oder Parteiabzeichen tragen. Und alle Mann aus der Kirche austreten! Wenn schon, dann aber richtig!

Wie oft habe ich später meinen Vater gefragt: „Hat denn deine Mutter damals nicht geweint, als du dich freiwillig als Soldat gemeldet hast? Hat sie dich nicht abhalten wollen? Der Erste Weltkrieg, der Opa fast das Leben gekostet hat, war doch erst zwanzig Jahre her!"

„Ach, Claudi, wenn du mich jetzt so fragst ... Ich weiß nicht. Ich kann mich nicht erinnern", pflegte mein Vater auf meine neugierigen, bohrenden, kritischen Fragen zu antworten. Das ist Papa, mein etwas blauäugiger, ein wenig naiver Vater, der vorneweg in den Krieg zieht und sich hinterher an nichts mehr erinnern kann. Und auf der anderen Seite meine kritische, skeptische Mutter, die schon als Zehnjährige den Durchblick hat. So ist es Zeit ihres gemeinsamen Lebens geblieben.

„Ach, euer Vater ist immer so gutgläubig!", pflegte Mama zu sagen. Diese Offenheit, mit der er zum Beispiel Hinz und Kunz duzte. Wie war das meiner Mutter peinlich! Die Zurückhaltung hatte sie von ihrer Mutter. Die war als Geschäftstochter aus der Stadt zu ihrem Mann aufs Dorf gezogen. Bis zum Schluss grauste es sie, zu den Schweinen in den Stall zu gehen. Und bloß „keine Pottkiekerei" mit den Leuten! Höflich ja, aber mit Abstand.

Mit Begeisterung zieht also der achtzehnjährige Siegfried als Soldat hinaus in die Länder, die Hitler und seine Generäle zu deutschen machen wollen. Was ich aus ihm herausbekomme: Er besucht die Offiziersschule, wird an der Front (Schreibmaschine schreiben kann er) irgendwie immer in die Schreibstube gesteckt, zur Ertüchtigung dient das Springen vom Zehnmeterbrett, dann Geländewagenfahren – das klingt mehr nach Büro und Abenteuer als nach sechs Jahren Krieg, Elend, Toten, Verwundeten, Angst ... Für all die schrecklichen Dinge findet mein Vater später keine Worte. Und zum Schluss ist da – wieder zu seinem großen Glück, wie er zu sagen pflegt – ein mutiger Oberst, der seine Soldaten an der Kampflinie vorbei aus Russland zurück in die Heimat führt. Mein Vater ist bei der geschlagenen Truppe. Er ist 24 Jahre alt, sechs gute Jahre seines jungen Leben sind für Führer, Volk und Vaterland draufgegangen. Meine vier Söhne sind heute zwischen 17 und 27 Jahre alt, also in dem Alter, in dem ihr Opa als Soldat Lebensjahre vergeudete. Nicht zu fassen! Und ich wundere mich, dass Papa sich fürs Vergessen entschieden hat?!

Beim Ostertanz 1948 im kleinen Katzenstein im Harz begegneten sich meine Eltern das erste Mal. Entlassen aus der Gefangenschaft in Schleswig-Holstein konnte mein Vater nicht zurück in die Heimat. Die lag jetzt in der „SBZ", der sowjetischen Besatzungszone. Der Schwager war dort von den Russen abgeholt worden und würde nie zurückkehren. „Bleib im Westen!", schrieben sei-

*Siegfried Berndt (\*1921)*

ne verängstigten Eltern. Aber wo sollte er hin, so mutterseelenallein? Ein Kamerad aus dem Lager wusste, wo er sich was verdienen konnte. Arbeiten, hart arbeiten, konnte mein Vater immer. Gern und klaglos. In jenen Tagen ging es ja erst Mal ums Sattwerden. Also ab zum Bäumeroden in den Harz.

Es war Liebe auf den ersten Blick. Auch diese Geschichte gehört zu den Evergreens der Familienhistorie. Der abgemagerte junge Mann fordert Ursula zum Tanz auf. Er ist keine Schönheit. Jedenfalls nicht, wenn ich das Foto von dem blassen Mann mit dem schütteren Haar betrachte, der eher wie ein Vierzigjähriger aussieht. Aber die Siebzehnjährige erfasst blitzschnell ihre Chance: „Euer Vater war so anders als die Dorfburschen, mit ihm konnte ich reden, er war klug und groß genug für eine Bohnenstange wie mich." Von dem Tag an waren sie ein Paar. Bis zu Mamas Tod, 62 Jahre lang.

Fast hätte das junge Glück jedoch ein jähes Ende gefunden. Siegfrieds zukünftige Schwiegermutter hatte einen Blick in seine Tasche geworfen, die er irgendwann bei einem Kaffeebesuch aufs Sofa gestellt hatte. In der Tasche (wieso guckt man eigentlich in fremde Taschen?) fand Oma das Schreiben eines Rechtsanwalts. Zahlungsforderungen für das uneheliche Kind. So einer ist das also! Ein Hallodri. Meine Großmutter hatte genug Leid mit ihrem untreuen Vater erlebt. Bloß nicht so einer für die jüngste Tochter! Diese Belastung ist nicht zu tragen! Ursula wollte halbherzig Schluss machen, aber dann erlebte sie die Verzweiflung ihres Freundes. Und ihr wurde klar, dass er nicht ein verwegener Bursche, sondern in dieser schwierigen Situation nur ein treuer junger Mann war, der sich irgendwann in diesen schrecklichen Kriegsjahren verliebt hatte. Die junge Frau hatte eine kleine Tochter bekommen. In den letzten Kriegstagen hatte mein Vater die beiden mit einem Armeefahrzeug aus dem umkämpften Berlin herausgeholt.

Von wegen untreuer Bursche! Als ich vor einigen Jahren den Kinofilm „Der Untergang" sah, der die wahnsinnigen Schlusswochen des Zweiten Weltkrieges in Berlin zeigt, Wochen, in denen allein 300 000 sowjetische Soldaten in den Straßenkämpfen ihr Leben verloren, konnte ich mir die Rettungsaktion meines Vaters ausmalen. Alle Achtung! Aber auch dafür hat er nie große Worte gefunden.

Mein Vater geriet in Gefangenschaft. Woche für Woche wartete er auf ein Lebenszeichen von seiner Freundin und der kleinen Tochter. Monate gingen ins Land. Kein Brief, kein Gruß. Funkstille. Irgendwann schickte er einen entlassenen Kameraden zu seiner Freundin und erfuhr, dass sie einen anderen geheiratet hatte.

Im Harz dann blühte er auf. Ein neues Leben. Dennoch traute er sich nicht, seiner Ursel etwas von dem Kind zu erzählen. Vielleicht verpasste er nur die richtige Gelegenheit. Vielleicht hatte er Angst, dass sie ihn auch verlassen würde. Vielleicht dachte er einfach, das alles ist vorbei. Nichts sehen, nichts hören. Vergessen. Würde auch zu ihm passen. Und ich könnte ihn sogar verstehen.

„So einen bekomme ich nie wieder!", erklärte meine Mutter ihren Eltern. Recht hatte sie, und die Schwiegereltern schlossen ihn wieder neu ins Herz. „Er ist doch der Beste!", hat Oma später oft gesagt.

Meine Eltern bekamen in den Jahren 1953, 1957 und 1962 drei Töchter, also hatte mein Vater vier Mädchen: Die Erstgeborene blieb, bis wir alle erwachsen waren, ein Familiengeheimnis.

Ich selbst hatte allerdings schon viel früher das Geheimnis gelüftet – beim Stöbern, nicht in fremden Taschen, aber in den Aktenordnern meiner Eltern; ich war immer schon sehr neugierig. Eines Tages, ich war vielleicht zwölf Jahre alt, fand ich ein Schreiben, aus dem ich haarscharf schloss, dass es da irgendwo in Deutschland noch eine ältere Tochter meines Vaters geben musste. Ich staune noch heute darüber, wie wenig mich das berührte. Es scheint mich kein bisschen beunruhigt zu haben. Ich denke, es war dieses unerschütterliche Zutrauen: Papa gehört zu uns. Vielleicht habe ich auch aus unbewusster Solidarität mit meinem vergesslichen Vater selbst alles schnell wieder vergessen?

Als die junge Bundesrepublik sich wie Phönix aus der Asche zum Wirtschaftswunderland aufschwang, waren meine Eltern mittendrin. 1951 hatten sie geheiratet und waren nach Solingen ins Rheinland gezogen. Wenn später gestöhnt wurde, dass der Arbeitsmarkt Flexibilität fordert, konnten meine Eltern nur müde lächeln. Das hatte ihre Generation einmal komplett durch. Flüchtlingsströme von Ost nach West, und auch sie zog es dorthin, wo die Ärmel hochgekrempelt wurden.

*Siegfried (li.) und sein Bruder: endlich ein richtiges Auto!*

Siegfried und Ursel hatten jetzt nur noch sich.

Irgendwie blieb das immer so, auch als allmählich die Verwandtschaft aus dem Osten eintrudelte und sich ebenfalls in Solingen und Umgebung niederließ. Klar, man hielt immer Kontakt (mein Vater war da ein ganz treuer), aber die eigene kleine Familie war der unumstößliche Lebensmittelpunkt. Wir blieben für uns. Bloß keine Pottkiekerei – das war auch ein Lebensmotto meiner Mutter. Äußerst kontaktfreudig nach außen, aber nur bis zur Haustür. Besuch von Freunden? Fehlanzeige. Was heißt hier Freunde? Meine Eltern hatten Verwandte, Nachbarn, Kollegen – aber Freunde?

In Solingen also wurde erst mal in die Hände gespuckt. Es brummte. Manchmal waren es siebzig Stunden Arbeit in der Woche, wenn es auf Montage nach Rüsselsheim ging, wo die Pressen im zerstörten Opelwerk aufgebaut werden mussten, damit die Autos wieder rollen konnten.

Auch mein Vater kaufte 1961 sein erstes Auto, aber von wegen Opel! Einen Skoda kaufte er! Heute ist der Skoda ein seriöses Auto, sozusagen die Aldi-Variante des Volkswagens. Aber damals, Anfang der sechziger Jahre, als man die Isetta und den Messerschmidt Kabinenroller verschämt ausrangierte und stolz Käfer und, wenn man konnte, Opel fuhr, da kaufte mein politisch links orientierter Vater einen Skoda. Ein Auto aus dem Ostblock! Gefühlt war es der einzige in ganz Solingen. Klarer hätte er seine politische Gesinnung nicht nach außen tragen können. Ich glaube damals hätte man sich auch gleich ein Schild um den Hals hängen können:

*Im Wirtschaftswunderland (1954)*

„Proletarier aller Länder, vereinigt euch!" Oder eben einen Skoda fahren. Mein treuer Vater kaufte sogar zweimal ein Auto aus dem sozialistischen Bruderland. Zum Glück hielten diese Autos nicht lange. Auf irgendeiner Fahrt zur holländischen Verwandtschaft verreckte das gute Stück, und mein Vater ließ es einfach im Nachbarland stehen. Vielleicht waren nur die Zündkerzen kaputt, aber ich glaube, mein Vater hatte endlich die Nase voll und orientierte sich – weniger politisch als eher automäßig – in Richtung Westen um. Das nächste Auto war ein Ford.

Papas Skoda-Irrfahrten, seine konspirativen Reisen in die DDR, die offiziell zur Leipziger Messe führten, praktisch aber merkwürdige Begegnungen mit alten Schulkameraden mit sich brachten ... Auf einmal hat Ursel einen begeisterten Anhänger des DDR-Systems zu Hause. Mitten in Zeiten des Kalten Kriegs.

Ich glaube, meiner Mutter wurde damals himmelangst. Ich höre ihr „Siegfried, lass es sein!", förmlich in meinem Ohr. „Was machst du da?"

Ja, was machte er da, der Siegfried? Ich glaube, er war auf der Suche, er hatte den großen Wunsch, jetzt doch etwas richtig zu machen. Es musste sie doch geben, die gerechtere Welt. Ich denke, mein Vater wollte so den Krieg und sein schuldiges Verstricktsein darin bearbeiten. Er konnte nicht nur einfach die Ärmel hochkrempeln und ein bisschen West-tünche über das Ganze pinseln. Es musste doch was Besseres geben. Er unterschied sich da von manch Unverbesserlichen in unserer Verwandtschaft. Familienfeiern waren grundsätzlich von erhitzten politischen Debatten geprägt: Mein Vater mitten drin, und meine Mutter ebenso, allerdings als Mahnerin: „Nicht so laut, Siegfried!"

Wenn meine Mutter ihn nicht gebremst hätte, wäre mein Vater vielleicht wirklich noch zu ganz anderen Ufern aufgebrochen. Wie gesagt, ein bisschen naiv war er, der Siegfried. Und gutgläubig. Da erzählt ihm einer beim Bier in Leipzig, dass der Sozialismus goldenen Zeiten entgegengeht und die DDR doch das bessere System ist. Und Papa glaubt's.

So wurde Papa ein entschiedener Gegner des Kriegs und gleichzeitig ein etwas diffuser Freund des Sozialismus. Natürlich wurde er auch Gewerkschafter, und das ist er mit seinen beinahe neunzig Jahren immer noch. Es war seine Art der Aufarbeitung, der Wiedergutmachung. Ein Skoda für den verdammten Krieg.

Mit zwei kleinen Kindern macht mein Vater Ende der fünfziger Jahre eine vierjährige Umschulung: tagsüber eine 45-Stunden-Woche und abends und am Wochenende dann Abendschule, Hausaufgaben am Küchentisch einer 35 Quadratmeter großen Wohnung. Abschluss als Maschinenbaukonstrukteur mit Bravour. Chapeau! Mein Vater hat deshalb auch für Langzeitstudenten, Studienabbrecher und jede Art von Faulheit bis heute überhaupt kein Verständnis. Er bekam schon schlechte Laune, wenn ich mit einer Erkältung im Bett lag. Krank sein? Noch heute habe ich ein schlechtes Gewissen, wenn es mir dann doch mal „passiert".

Nach der Abschlussprüfung zog Papa den Blaumann aus und legte den weißen Kittel an, blieb aber im selben Betrieb, der praktischerweise gleich bei uns zu Hause um die Ecke lag. Ich bin als Kind oft mit dem Roller oder auf Rollschuhen zu seinem Bürofenster gefahren. Eine lange Reihe großer Zeichenbretter, und davor stehen Männer in weißen Kitteln. Eigentlich sahen sie eher aus wie Oberärzte, aber es waren die Ingenieure und Konstrukteure, die den auch heute noch sagenumwobenen Maschinenbauexportschlager verantworteten. Mein Vater freute sich immer, wenn ich kam, einfach nur so zum Winken und Guten-Tag-Sagen. Er öffnete sein Bürofenster in der Hochparterre und hielt ein kleines Schwätzchen mit mir.

Das war sein Leben: die Familie, unsere kleine Wohnung – später, mit drei Kindern, wurde es dann eine größere –, seine

Firma, der Schrebergarten, die Bücherei, das Schwimmbad, die Schule seiner Kinder. Sein Leben bewegte sich im Umkreis von vielleicht achthundert Metern. Eine kleine Welt. Sie genügte ihm.

Was für mich daran wunderbar war: Mein Vater war irgendwie immer da. Mittags kam er zum Essen, abends immer pünktlich und nie spät nach Hause. Er ging in keinen Verein, nicht in die Kneipe, aber mit Klein-Claudi an der Hand einkaufen. Das klingt nach Beschränktheit und Enge. Für mich aber bedeutete es Geborgenheit und das unumstößliche Wissen: Mama und Papa sind da. Für mich. Wenn ich sie brauche, sie rufe – schon sind sie da. So war das. Auch als wir alle drei aus dem Haus waren – wenn wir sie riefen, waren sie da und unterstützten uns. Unaufdringlich. Als mein Vater als Rentner wochenlang unser Haus mitbaute, hat ihn sein Einsatz für uns zwei Finger seiner linken Hand gekostet. Er hatte eine Sekunde an der Kreissäge nicht aufgepasst. Klaglos klebte er vier Wochen später die Tapeten an die Wand.

Ich habe von ihm bekommen, was mich fürs Leben stark gemacht hat: Auf Papa (und natürlich meine Mutter) ist Verlass und er findet mich ohne Wenn und Aber einfach wunderbar. Bis heute schließt er mich immer ganz fest in die Arme, wenn wir uns sehen. Das hat er immer so gemacht.

Es war eben nicht nur die kleine Welt. Die große Welt war immer mit am Küchentisch. Ich bin mit Werner Höfer und dem „Internationalen Politischen Frühschoppen" am Sonntagmorgen im Radio groß geworden (in die Kirche gingen damals meine Eltern noch nicht mal Heiligabend). Als Jugendliche habe ich viele politische Streitgespräche mit meinem Vater geführt. Aber es waren keine harten Auseinandersetzungen, sondern eher sportliche Wettkämpfe. Er war sichtlich stolz auf mich: Wie früh ich schon politisches Bewusstsein entwickelte. Und wie diskutierfreudig ich war. Mein Vater nahm mich ernst, das spürte ich.

Die Wachheit für gesellschaftliche Entwicklungen, das Gespür für Ungerechtigkeiten und Ungereimtheiten, das verdanke ich meinem Vater. Auch wenn man manchmal auf der anderen Seite vom Pferd purzeln kann. Als „ungetauftes Heidenkind" besuchte ich den Konfirmandenunterricht, einfach, weil da alle hingingen. Dort wurde ich Christin. Von da an besuchte ich den Jugendkreis der Kirchengemeinde, und ich erinnere mich an Diskussionen, in denen ich Alexander Solschenizyns „Archipel Gulag" und Berichte über Christenverfolgung im Ostblock als plumpe antikommunistische Propaganda abtat. Hilfe! Es treibt mir heute noch die Schamröte ins Gesicht. Wie habe ich mich geirrt! So leicht geht das mit den politischen Irreführungen. Eine heilsame Erfahrung.

Als ich Christin wurde, hat mein Vater auch das wohlwollend begleitet. Er war ja offen für vieles, nahm gern Anteil.

Als ich schon längst aus dem Haus war, trat er wieder in die Kirche ein. Aber das ist jetzt wirklich eine ganz andere Geschichte.

*Claudia Filker, geborene Berndt, Jahrgang 1957, ist Pastorin und neben ihrem Engagement in der Berliner Stadtmission deutschlandweit als Referentin tätig.*

# Christina Rosemann

# Der Streitbare

Als ich am 12. April 1962 das Licht der Welt erblickte, fiel ich direkt in die Arme meines Vaters. Darauf bin ich ein bisschen stolz – nicht viele Kinder meiner Generation hatten dieses Privileg. Kein Mann hatte damals im Kreissaal etwas zu suchen, es sei denn, er trug einen weißen Kittel und ein Stethoskop um den Hals. Während also die jungen Mütter in der entscheidenden Phase der Entbindung erst die Wehen weghechelten und dann mit den Presswehen ihr Kind auf die Welt beförderten, verpassten die Väter von damals diese wichtigen Augenblicke im Leben ihrer Töchter und Söhne. Kinderkriegen war Frauensache! Was blieb ihnen also anderes übrig, als die sterilen Krankenhausflure auf- und abzulaufen oder die Wartezeiten in der Kneipe nebenan zu verbringen.

Zweimal hatte unsere Mutter diese strenge und sterile Klinikatmosphäre erlebt. Diesmal war schnell klar: Das dritte Kind sollte zu Hause entbunden werden – in gewohnter Umgebung und vertrauter Atmosphäre. Ob mein Vater sofort damit einverstanden war? Egal, er wurde gar nicht erst gefragt. So war das bei meinen Eltern. Die Rollen waren klar verteilt: Unser Vater war der Ernährer und somit das Oberhaupt der Familie, aber bei allen wichtigen Familienfragen hatte unsere Mutter das Zepter in der Hand.

Als es dann so weit war, stand er „Gewehr bei Fuß". So ist unser Vater – wir konnten uns immer auf ihn verlassen.

Die Großen wurden zur Nachbarin gebracht, die Kissen zurechtgerückt, das Wasser wurde abgekocht und eine Tasse Kaffee für die Hebamme aufgebrüht. Doch als die Entbindung ihren Höhepunkt erreichte, wurde es Papa wohl doch ein bisschen mulmig. Eilig zog er sich den Mantel an und wollte diskret die Wohnung verlassen. „Na, wo wollen Sie denn hin? Ich brauche sie hier – dringend!" Die Hebamme krempelte die Ärmel hoch, und eh mein Vater sich versah, lag ich in seinen Armen.

Ein Mädchen – das dritte im Bunde. Meine Mutter konnte ihre Enttäuschung nicht verbergen. Sechs Jungen hatte sie sich gewünscht, und herausgekommen war nun das dritte Mädchen. „Was machen Sie denn für ein Gesicht!", empörte sich die Hebamme. „So ein hübsches Ding und schon so groß: 60 cm – länger als mein Maßband! Und zehn Pfund bringt ihre Tochter auf die Waage." Donnerwetter! Mein Vater war mächtig stolz. Nicht nur auf mich, auch auf seine Frau und auf sich selbst – er war bei der Geburt seiner dritten Tochter dabei gewesen. Noch heute leuchten seine Augen, wenn er an diesen Tag zurückdenkt. Ein Bund fürs Leben war geschlossen!

Meine Mutter brauchte etwas länger, bis sie sich mit der neuen Situation anfreunden konnte. Immerhin – ich war nicht geplant, das Geld war knapp und die Wohnung viel zu klein. Donners-

*Die Schwestern Cornelia, Claudia, Christina*

tags mussten die letzten Pfennige zusammengekratzt werden, damit es wenigstens für Milch und ein paar Kartoffeln reichten. Zahltag war erst am Freitag. Gern wäre meine Mutter ein paar Stunden arbeiten gegangen. Aber mit einem Baby war daran nicht mehr zu denken. Die Großeltern wohnten weit weg, und auch sonst waren keine Verwandten in der Nähe. Es war nicht einfach für unsere Eltern. Also rückte man näher zusammen. Die Kleinfamilie gab Sicherheit und Kraft.

Auch politisch stand die Welt vor großen Herausforderungen. Im Jahr vor meiner Geburt war die Berliner Mauer gebaut worden – jede Hoffnung auf Wiedervereinigung war dahin, und der Ost-West-Konflikt drohte zu eskalieren. Es war die Zeit des Kalten Krieges.

Überhaupt: Politik spielte in unserer Familie immer eine große Rolle – es wurde diskutiert, debattiert und nicht selten laut gestritten. Wie gesagt: Eigentlich ist mein Vater eine ruhige und zuvorkommende Persönlichkeit mit einer sehr freundlichen Ausstrahlung. Aber die Themen Fußball und Politik konnten ihn früher so richtig in Rage bringen. Besonders dann, wenn unsere Tanten und Onkel zu Besuch kamen. Jeder Versuch, den Zweiten Weltkrieg zu verharmlosen oder gar den Holocaust zu leugnen, konnte er unter keinen Umständen unkommentiert stehen lassen.

Unsere Familientreffen hatten deshalb immer eine Eigendynamik, so dass sie nicht selten in heftigen Debatten und schnellen Aufbrüchen endeten. Gott sei Dank trug keiner es dem anderen nach. Meist war ein paar Wochen Funkstille, doch dann holte mein Vater seinen Skoda aus der Garage, setzte mich auf den Beifahrersitz, und wir machten einen Ausflug nach Langenfeld. „Lass uns mal bei Onkel Johannes und Tante Gabi nach dem Rechten schauen." Für mich eine willkommene Abwechslung.

Wenn ich mich heute bei Diskussionen im Familien- und Freundeskreis beobachte, sehe ich meinen Vater in mir. Auch ich kann mich so richtig in Rage reden, wenn ich mich herausgefordert fühle, Stellung zu beziehen. Ich kann leidenschaftlich diskutieren und mit Überzeugung für eine Sache streiten. Und wenn sich die Gemüter so richtig erhitzen, bin ich mit Sicherheit dabei.

Mit dem Glauben hatte mein Vater früher keine Verträge. Als junger Mann hatte er sich von Gott abgewandt und war bewusst aus der Kirche ausgetreten. Meine Eltern hatten weder kirchlich geheiratet, noch wurden wir als Kinder getauft. Das Interessante aber ist, dass ich mich an keinen Augenblick in meinem Leben erinnern kann, in dem ich nicht an Gott geglaubt hätte. Im Alter von sechs Jahren bin ich sonntags in den Kindergottesdienst und mittwochs in die Kinderstunde gerannt. Mit neun war ich ein begeistertes Jungscharkind, und mit zwölf habe ich mich freiwillig und aus eigenen Stücken zum Konfirmandenunterricht angemeldet. Meiner Schwester ist es ähnlich ergangen. Wir haben uns in dieser Zeit von Menschen prägen lassen, die ihren Glauben sehr ernsthaft und mit Überzeugung lebten. Das hat unseren Vater zunächst irritiert und später fasziniert. Seine Neugier war geweckt. Er wollte es genau wissen. Und er tat es auf seine eigene Art – mit ehrlichem Interesse und großer Offenheit. Regelmäßig besuchte er fortan den Gottesdienst und forderte unseren Pfarrer in persönlichen Gesprächen zum Disput heraus. Gemeinsam veranstalteten sie dann offene Abende zu aktuellen Themen des Glaubens und der Politik. Meine Eltern fühlten sich schon viele Jahre als Teil der Gemeinde, als unser Vater sich dann bei einer Evangelisationsveranstaltung mit Johannes Hansen auch noch mal ganz persönlich für ein Leben mit Gott entschied.

In meiner Solinger Heimatgemeinde habe ich die ersten und entscheidenden Glaubenserfahrungen gemacht. Aber die wichtigste Grundlage für meinen Glauben wurde mir von meinen Eltern in die Wiege gelegt: das Gefühl, ein wertvoller und durch und durch geliebter Mensch zu sein.

Ich muss noch einmal auf das Thema Politik zurückkommen. Bis heute verfolgt unser Vater mit großem Interesse die sozialen und politischen Entwicklungen in unserem Land und in der Welt – so habe ich es auch als Kind und als Jugendliche immer erlebt. Große Hoffnungen setzte er damals in die Vollblutpolitiker der jungen Bundesrepublik Deutschland. Und gleichzeitig bemühte er sich lange Zeit, den real existierenden Sozialismus in der DDR zu verstehen und zu erklären. Irgendetwas musste gut sein an dieser Gesellschaftsform, immerhin hatten die Kommunisten dem totalitären Regime unter Hitler aktiv Widerstand geleistet.

Er fühlte sich irgendwie angezogen von dieser anderen Art, Politik zu machen. Überhaupt – der Osten hatte es ihm angetan. Es gab nicht viele von seiner Sorte, und es hatte etwas Irrationales. Ich kann es mir eigentlich nur so erklären: Dort stand seine Wiege – in einem kleinen Ort in der Oberlausitz, direkt an der tschechischen Grenze. In Niederoderwitz war er aufgewachsen, zur Schule gegangen, in Zittau hatte er seine Lehre gemacht. Es heißt, Siegfried sei ein guter und strebsamer Schüler gewesen. Die Lehrer mochten ihn. Viele gute Erinnerungen verbindet er mit dieser Zeit.

Vielleicht war sein politisches Engagement aber auch seine Art der Wiedergutmachung. In einer Familie aufgewachsen, in der das Deutschtum eine zentrale Rolle spielte, war er als junger Mann mit fliegenden Fahnen in den Krieg gezogen. Nicht nur, dass er sich gleich bei Kriegsbeginn freiwillig als Soldat meldete – er war Mitglied der NSDAP und, als wenn das nicht genug wäre, sogar Mitglied der SS.

Dies ist für mich der dunkelste und undurchsichtigste Teil in der Geschichte meines Vaters. Heute frage ich mich oft: Wie konnte er in den sechziger Jahren mit erhobenen Zeigefinger gegen die Vietnampolitik der USA wettern, in den siebziger Jahren mit der Studentenbewegung sympathisieren, in den achtziger Jahren als erklärter Pazifist bei den Ostermärschen mitlaufen und gleichzeitig behaupten, dass er vom Holocaust nichts gewusst habe? Es kann doch nicht sein, dass er Mitglied der SS war und dennoch nicht aktiv an Kriegsverbrechen beteiligt. Ja, die Front war grausam, aber an Verbrechen gegen die Bevölkerung oder an der systematischen Ausrottung von Juden – daran war er nicht beteiligt! Es fällt mir schwer, das zu glauben. Ich frage mich: Hat mein Vater diesen Teil seiner Geschichte komplett verdrängt? Die Familienlegende kennt eine andere Erklärung: Seine besonders schöne Handschrift soll ihn vor größerem Schaden bewahrt haben – es heißt, er habe die meiste Zeit auf der Schreibstube verbracht ...

Eins ist sicher: Am Ende des Krieges hat er mit Hitler und den Nationalsozialisten gebrochen. Aber was wäre gewesen, wenn die Deutschen gesiegt hätten? Viele kritische Fragen hat er später über sich ergehen lassen müssen. Wir Kinder waren nicht zimperlich. Und dennoch – es gibt Fragen, die sind für mich auch heute noch unbeantwortet.

Unserem guten Verhältnis haben diese Fragen und Zweifel aber kei-

*Auf ihn ist Verlass*

nen Abbruch getan. Als Mensch ist mein Vater einer der integersten und freundlichsten Menschen, die ich kenne. Er ist so etwas wie der gute Mensch – offenherzig, hilfsbereit, warmherzig und interessiert. Er war nicht der Papa, mit dem man ausgelassen toben oder lustige Abenteuer erleben konnte. Aber für mich war er lange Zeit der „Fels in der Brandung". In der Not konnte ich mich auf ihn verlassen. Er gab gern von seiner Zeit, kein Weg war ihm zu weit, und wo er gebraucht wurde, stand er parat. Egal, ob das Haus renoviert, ein Einkauf erledigt oder der Rasen gemäht werden musste.

Meine Freunde sind immer ganz angetan, wenn sie meinen Vater kennenlernen. Erst diese Woche sprach mich unsere Küsterin an: „Ich wusste gar nicht, dass der Mann dein Vater ist." Höre ich eine Irritation in ihrer Stimme? „Er ist mir schon immer aufgefallen – er hat so was Literarisches." Was immer sie damit meint, eins weiß ich: Mein Vater hat in seinem Leben nur selten Bücher und Gedichte gelesen. Er ist ein gebildeter Mann, der viel Zeit beim Lesen von Zeitungen und Zeitschriften verbracht hat, die Debatten im Radio verfolgt und gerne mal eine interessante Dokumentation im Fernsehen anschaut. Aber das Bücherlesen war eher die Leidenschaft unserer Mutter. Dennoch, als Kind hatte ich immer das Gefühl, Papa ist ein wandelndes Lexikon – auf jede Frage wusste er eine Antwort.

Solange unsere Eltern rüstig waren, reisten sie viel. Als Rentner waren sie manchmal wochenlang mit dem Wohnwagen unterwegs, besonders gerne in Deutschland, Frankreich und Skandinavien. Anschließend gab es Geschichten zu erzählen von Menschen, die sie auf ihren Touren getroffen, Städte, die sie besichtigt, und Landschaften, die sie fasziniert hatten.

Mit seinen 89 Jahren ist mein Vater heute ein rüstiger Rentner, der sich bester Gesundheit erfreut, auch wenn die

Kräfte etwas nachlassen. Es geht halt alles etwas langsamer als früher. Hundert Jahre will er werden. Und im letzten Abschnitt seines Lebens ist er noch mal besonders herausgefordert: Nach dem Tod unserer Mutter in diesem Frühjahr lebt er nun allein. Fast sechzig Jahre waren unsere Eltern verheiratet. Sie hatten es nicht immer leicht miteinander, sie liebten sich auf ihre Art, und im Alltag waren sie ein eingespieltes Team. Auch wenn mein Vater die Zeiten im Kreis der Kinder und Enkelkinder genießt, sucht er zunehmend Ruhe und Abgeschiedenheit. Einladungen nimmt er nur noch zögerlich an. Und was das Erstaunliche ist: In jedem Telefonat spricht er von der Oberlausitz, seiner alten Heimat, die er als junger Mann verlassen und der er immer die Treue gehalten hat. Wenn er noch einen Wunsch frei hätte, vielleicht würde er sagen: Begrabt mein Herz in der Oberlausitz, damit der Kreis sich schließen kann.

*Christina Rosemann, geborene Berndt, Jahrgang 1962, ist Dipl.-Sozialpädagogin und arbeitet freiberuflich als systemische Familientherapeutin und Supervisorin. www.christina-rosemann.de*

## 25 Liebeserklärungen an Mütter

Mütter prägen ihre Söhne
auf einzigartige Weise.
Hier erzählen bekannte
Christen wie z. B. Dr. Theo
Lehmann, Lothar Kosse
oder Rolf Scheffbuch, wie
ihr Leben und ihr Glauben
durch ihre Mutter beein-
flusst wurden.

Jörg Swoboda (Hg)
**Mütter von Männern**
25 Söhne erinnern sich
gebunden, 208 Seiten
ISBN 978-3-7615-5787

## Außerdem sind von Claudia Filker erschienen:

 **Ich habe gelernt, auf
dem Wasser zu gehen**
kartoniert, 128 Seiten
ISBN 978-3-7615-5391-6

 **Ihr habt gedacht,
ich schaff es nicht**
kartoniert, 128 Seiten
ISBN 978-3-7615-5691-7

 **Mit dem Wind im Rücken**
kartoniert, 128 Seiten
ISBN 978-3-7615-5298-8

 **Entfalten statt liften**
kartoniert, 144 Seiten
ISBN 978-3-7615-5567-5